U0016023

風水經典 下

衍易女史 ◎ 著

風水經典 下冊 目錄

第一篇 門窗風水

大門內的玄機

大門的重要性不容忽略

歷代風水家在談宅內風水的時候，幾乎毫不例外的都要先談大門；因為大門是屋裡屋外氣場交流的要道，在風水上有不可忽視的重要性。

不過隨著時代改變，大門的重要性漸漸受到質疑。許多標榜‘現代’的風水家認為：新式住宅中窗戶的面積往往比大門的面積大，能大量的納入光線；還有陽台上的落地窗，甚至可以整天開著。所以主張窗戶與陽台在換氣採光的效用上，應該比一天只開幾次的大門要更具有影響力。

這種說法很有創見，但是忽略了一件事：

住宅的氣，要能與人發生關係，才能對人起作用。發生的關係不同，作用力就不一樣。

大門所以重要，主要是因為住在房子裡面的‘人’從這裡進出。屋裡的氣跟著人從大門出去，屋外的氣跟著人從大門進來，造成風水上氣場的變化。除非一

走車房門雖然方便，千萬不能讓它取代大門的地位。

家人都由窗戶跳進跳出，或者直接由陽台走上街頭，否則無論是窗戶或是陽台，在風水上的地位還是無法取代大門。

倒是很多有車房的家庭，家中成員幾乎都由車房進出，大門是'門雖設而常關'，一年用不上幾次。這時候就要考慮到：車房門以及由車房進入住宅的便門，很有可能在風水上發生的影響力，會超過大門。

不能讓便門取代大門

凡是自用住宅中，便門或車房門的使用率遠超過大門的朋友們，都應該自我檢驗：

是不是在生活中常常有不知所措的無力感？是不是在工作上常常有身不由己，無法按照自己理念做事的煩惱？

尤其在感情的發展上，是不是自己老是處於被動，沒有辦法站在主控地位？已婚的朋友，另一半是不是有感情走私的跡象？或者自己老是不能滿足於現有的夫妻感情，常常有跳牆或者拐彎的衝動？

放著大門不用而長期使用便門，很可能是造成上述狀況發生的原因；假如經常使用的門是後門的話，情況會格外明顯。這時候應該趕緊恢復家中大門的地位與影響力。方法倒是非常簡單：只要多鼓勵家人由大門進出，讓大門有常開常用的機會就成了。

門大屋小與門小屋大

大門的大小非常重要。到底該有多大？決定的因素有兩個：

» **第一，要和整個房屋的大小相稱。**

房很大而門很小，進氣不足以潤屋。不但難以進財，同時還會對事業上的發展造成妨礙。就算滿懷雄心壯志，卻有無從發揮的窘困。

房屋很小而大門很大，就好像把供給壯漢的食物量，硬要塞進一個小孩子的胃裡；所製造出來的問題，有時候比屋大門小還要嚴重。

住在屋小門大的房子裡，不但無財可進，原來存在口袋裡的錢還有吐出去的危險。風水中有所謂的'破財屋'，這就是其中的一種。

屋大門小拖頸刑，屋小門大財難守。大門的大小如果與房屋的大小不能相配合，在風水上屬於嚴重缺點。

左邊的大門是單扇，右邊的書房門是雙扇，書房門顯然比大門大，造成風水上的問題。

» **第二，要比住宅中其他的門大。**

大門如果比屋子裡其他的門小，影響家中夫妻、親子關係的和諧度。即使主人是單身，本人也會有情緒不穩定的現象。遇到這種情形，除非能把大門改大，否則就只有換掉這扇過大的房門。

大門進口的許多忌禁

站在大門向外看，如果正對著任何衝剋刑煞，都可能會形成煞氣（請參考本書上冊第二篇中的‘房屋外面的煞氣’）；事實上，從大門向裡看，也有許多需要注意的地方。

! 最好不要面對樓梯。外氣進門之後會隨著樓梯遽上遽下，使家人生活中多波折困擾。

! 最好不要看到廚房，尤其不能看到爐灶。‘開門見灶，錢財多耗’，影響家人儲蓄的能力。

! 最好不要看到廁所。如果一進門就碰到穢氣，就算大門的方位再好，吉氣也會受到污染而起變化。

! 最好不要正對其他房間的門。經常在這間屋子裡起臥活動的人，因為受到外氣的過分干擾而生活不得安寧。

! 最好不要正對後門。前後門相通是‘穿心煞’，非常凶惡。

! 最好不要一開門就看到鏡子。會讓大門所納進來的氣，在大門與鏡子之間迴盪，使家中氣場波動不安。

這麼多忌禁，常常顧到了這一處，卻又觸犯了另外一處，讓人感覺防不勝防。假如能在進門的地方佈置一個玄關，就可以避免上述所有‘進門不宜’的問題。

玄關的好處說之不盡

玄關的用處很多，不僅僅是避開上述的這些‘進門不宜’的忌禁而已，還有其他許多風水上的優點：

» 從消極方面來說，玄關可以擋住外來的煞氣。

假如大門外面有煞氣存在的話（請參考上冊中的‘房屋外面的煞氣’），玄關可以攔阻煞氣直接登堂入室；煞氣的破壞力會因此大幅度削弱。

這就像颱風如果被山脈阻擋，威力會銳減的道理一樣。

» 從積極方面來說，玄關還有蓄養吉氣的功能。

玄關可以避凶氣、聚吉氣，在風水上的好處真可說是不勝枚舉。

外氣流進大門之後，受到玄關阻隔，不得不迂迴轉折，變成和緩有情的吉氣。

這種吉氣在玄關中逐漸蓄積，再緩緩流進家中，凶惡的成份銳減，祥和的成份會大大增加。

所以談到室內風水的趨吉避凶，影響最大、效果最好的處理方式，應該首推玄關。

» 玄關同時也能防止家中的旺氣外洩。

吉氣在進入房屋之後，倘若一衝而散，或者直進直出的話，住在裡面的人就得不到什麼好處。但是因為有玄關，進來的氣固然和緩，出去的氣也不至於有'反背無情，決裂而去'的現象，所以能符合風水上'藏風蓄氣'的最高指導原則。

» 玄關還有改變門向的作用。

為自己找大門的吉方，是居家風水的重點之一。假如住處的門向與自己的命卦不合，又無法重修大門的話，可以藉玄關改變進氣的方向，得到化凶為吉的效果。

玄關之外的解決方法

倘若因為受到各種因素的限制，無法有玄關，該如何解決一進大門的種種問題呢？這裡提供了一些其他的解決方法。

» 如果大門對著房門

需要在房門上掛簾子，來減緩氣通過的速度。簾子不能太短，但是只要能長過房門或樓梯間的一半，就能發生作用，不一定非要到底不可。

質料方面，布簾、竹簾、珠簾都可以用。因為一進大門就能看得到，所以一定要讓全家人都覺得賞心悅目才好。

» 如果大門對著樓梯

一進大門就面對樓梯，無論是向上的樓梯（倘若有二樓）或者向下的樓梯（倘若有地下室），都會造成進氣的紊亂，不合風水要求。

假如樓梯離大門有一段距離，在中間放置一個高的裝飾櫃或者屏風，發生如同玄關一般的作用，可以完全解決這個問題。

萬一沒有足夠空間，在樓梯上鋪上地毯，多少能夠減輕不良效應。

» 如果大門對著後門

需要想辦法在兩門之間放家具或者大型盆栽做為屏障，使由大門進來的氣無法快速而直接的從後門出去。

像長的沙發、大的魚缸、高的書架、音響架或者屏風，都能發生作用。擋得越密實，效果就會越好。

加建一堵牆來隔開兩個門，是最能徹底解決問題的方法。

倘若正對的不是後門而是大型窗戶，一樣會有氣直進直出，穿心而過的不良效應，所以也需要做防範措施。最簡單的方法，是掛上厚重的窗簾。單薄的紗質窗簾，作用不大。

如果正對的是落地窗，因為人可以進出的緣故，需要當作後門來處理。

典型穿心煞

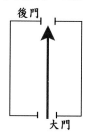

典型的穿心煞一定要具備兩個條件：第一，大門在房屋的正中。第二，大門與後門相對，中間沒有任何阻隔。

符合這兩種條件的穿心煞，煞氣不但非常凶惡，而且可能攻擊家中的任何人、任何事，千萬不能對它掉以輕心，不當回事。

» 如果站在大門就能看得到廚房

爐台象徵家中的生財，冰箱象徵家中的儲蓄，不要讓進來的客人一眼就看得清清楚楚，才不致漏財。

目前非常流行開放式的房屋，站在大門就能看到廚房的機會很大。如果無法改變廚房門的位置，至少要設法把爐台和冰箱放在比較隱蔽的地方。

» 如果大門對著廁所

一方面盡可能保持廁所裡面的清潔，一方面把廁所的門裝飾得好看一點，讓人想不到它是廁所。

這間廁所的門還要常關才好。除了避免有穢氣出來污染了吉氣之外，也可以防止它發生洩氣、排氣的作用。

對著大門的廁所，如果老是開著，住在裡面的人不但財氣難聚，連愛情和婚姻都會受到影響。

現代建築使用抽水馬桶，廁所能產生的穢氣比舊式茅房小很多；但是因為正對大門，破壞的力量還是不可輕忽。

如何佈置玄關

佈置玄關的注意事項

第一，面積大小要適中。

打開大門走進房子裡面，第一步所站的那塊地方，在風水上稱作‘內明堂’。

沒有玄關的房屋，內明堂的位置往往不明確；如果有玄關，就等於給內明堂畫出了範圍。明堂是蓄氣的地方，最怕氣促，所以玄關不宜太小。

倘若玄關過小，容量不足，無法蓄積足夠的氣來滋潤整個住宅，倒還不如沒有的好。

但是倘若房子不大，卻有一個很大的玄關，就會形成浪費。過大的玄關不但浪費空間（內明堂不能拿來做什麼實際的用途），而且進氣的存量如果多到房屋的容積無法消化，就像一個人營養過剩，也會發生問題。

最好還能在玄關上方掛一盞燈。燈的大小需要能配合玄關的大小。

第二，佈置要平整潔淨。

在上冊‘宅以門路為吉凶’中曾經指出：明堂一定要平整潔淨。外明堂固然如此，內明堂也不例外。

玄關正是內明堂的所在地，所以無論是鋪地磚、地毯，或者磨石子地，都要力求平坦，避免有高低不平的情況出現。

內明堂的主要功能是蓄氣，所以絕不能在玄關堆積雜物，以免蓄積穢氣。

倘若工作太忙，清理房屋的時間不夠，收拾玄關應該被當作第一優先。

明堂宜明亮，所以玄關裡應該要有燈光。不過燈飾最好簡單大方，避免過於繁複奢華。其實整個玄關的顏色和佈置都應該淡雅清爽，避免裝飾得過份花俏新潮。

第三，不要在正對大門的牆壁上掛鏡子。

有人喜歡在玄關裡掛一面鏡子，便於出入的人整肅儀容。

這種想法本來無可厚非，不過鏡子在風水上有特別的效力，不能隨便安放。假如不小心把鏡子掛在正對大門的牆上，會把所有進門的氣都反射出去。這麼一來，雖然有玄關，卻全然蓄不到氣，可就大大不妙了。

這裡還要特別提醒大家：

無論有沒有玄關，都不能在正對大門的牆上掛鏡子。

在面對大門的牆上掛鏡子，會把進氣往外送，讓住宅陷入缺氣的危險，是風水上的大忌。

如果必須在大門附近放置鏡子，不妨像上圖，把鏡子放在門旁邊的牆上。

如果站在進門的地方，能夠在房屋中的任何鏡子裡看到自己的身影，這面鏡子就該毫不考慮的立刻拿走。

有些人為了擋屋外的煞氣而掛鏡子。千萬記住：擋煞用的鏡子只能掛在屋外，不能放進屋子裡面來。

把擋煞用的鏡子放在屋子裡面，就像想要在人潮洶湧的公共場所，架起機關槍掃射恐怖份子一樣；結果壞人未必中彈，好人卻可能冤死不少，絕對不是明智的作法。

第四，用心美化面對大門的牆壁。

玄關面對大門的那片牆壁上，最好能掛一幅賞心悅目的圖畫，或者'吉祥'、'如意'的字樣。

如果不用心美化玄關，打開門看到的是一面單調無趣的牆壁，會讓家庭生活沉悶乏味，樂意上門的朋友也會越來越少。

第五，決定玄關的色調。

選擇玄關的色調，除了配合房屋的整體設計之外，最好還要能顧及主人的命卦與大門的朝向。

倘若大門對的是主人命卦的吉向，東方和東南方都可以用綠色系；西方和西北方都可以用金色、銀色；北方宜黑中帶金；南方宜有紅色系出現；西南和東北宜以黃色系為主。

但是假如大門對的並非主人命卦的吉向，該用的顏色就大不相同。

東方和東南方需要參用紅色系，西方和西北方不妨黑中帶金，北方需要參用青綠，南方需要參用黃色系，西南和東北宜帶有金色或銀色。

（關於‘命卦’、‘吉向’等，請看上冊的‘磁向數與命卦’以及‘替自己選吉利的門向’二文）

玄 關 隔 間 的 變 通 方 式

倘若擔心隔出玄關之後，房屋顯得太小，不妨在隔間材料上多花一點心思，藉以解決問題。譬如說：

§ 用藝術玻璃或者磨砂玻璃作隔間的材料。

由於玻璃具有透光性，能在視覺上造成比較寬敞的感覺。

§ 用高的立櫃隔出玄關。

玄關和房屋的其他部份並不全然隔絕，也能減少侷促感。

§ 用屏風隔出玄關。

屏風佔地少，容易搬動。只要移走屏風，馬上就能得到比較大的活動空間，是一種非常有彈性的做法。

天花板是室內的天

天花板以平整為佳

就像明堂需要平整一樣，為了便於氣的流轉，天花板也要力求平整。

花錢把天花板裝飾出高低不同的層次，或者用藝術噴漆的手法在天花板上弄出砂粒或鐘乳石一般的凸起，都有可能因此製造出風水上的煞氣，是非常不智的一件事。

在房屋裡面，天花板代表天，顏色最好能淡雅潔淨，而且最好只採用一種顏色。天花板的顏色如果過於深暗，或者花樣複雜，會讓生活失去平衡，引來許多無謂的壓力。

在天花板上做出凹凸不平的特殊造型，等於花錢把煞氣請到家裡來，實在是大大的不應該。

天花板上凸出的樑木

天花板上的凸出物會造成風水上的煞氣。通常最大的麻煩是露在外面的樑（beam），其次是吊燈、吊扇等。在室內佈置的時候，必需要小心對待。

譬如說：客廳的天花板如果有裸露在外的

樑，放置沙發的地點就要小心選擇。家人常坐的位置，絕對不能安排在樑的下面。

飯廳的天花板上若有樑，最好不要把餐桌放在下頭。如果實在避不開，至少不要讓家人在橫樑當頭的情況之下用餐。

書房裡也是一樣。如果書桌的上頭有橫樑，無論在底下工作或者看書，都無法達成預期的效果。時間久了，還會發生神經衰弱，或者憂鬱症、躁鬱症等等精神上的疾病。

橫樑會形成氣場上的壓力，是嚴重的室內煞氣之一，因此橫樑之下，絕對不適合做為家人長期坐臥的地方。

臥室的天花板上如果有橫樑，更是切忌把睡床放在橫樑之下。一個人一天幾乎有三分之一的時間在床上睡覺，如果這三分之一的時間都在橫樑的壓力之下度過，對身心健康必然會發生不良影響。

假如是夫妻的睡床，除了不利健康之外，對婚姻關係也會有妨礙。筆者看過太多這樣的例子，奉勸大家千萬不要太鐵齒，硬拿自己的幸福開玩笑。

化解橫樑煞氣的方法

想要化解橫樑所造成的煞氣，釜底抽薪的辦法，當然是用天花板把橫樑遮起來。這樣做或許會使得屋子的空間變得比較小，但是可以消除每天壓在頭頂的煞氣，絕對是值得考慮的方法。

有些人認為，這種方法只能圖個眼不見為淨，橫樑其實仍然存在。事實上，橫樑對於氣場所產生的壓力，在被天花板遮掩之後，會平均散佈在天花板上；生活在這個氣場裡的人，自然就不會再受到定點的殺傷力。

如果由於客觀環境的限制，實在無法把橫樑隱藏在天花板裡面，就只有避之為吉。

千萬不要誤以為：只要掛個風水吉祥物在橫樑上面，就可以安心坐在樑下，不受任何影響。

吊扇和吊燈

天花板上有吊扇和吊燈是常見的事。電燈發光發熱，電扇能推動氣的流轉，在風水上來說各具功能；安置在天花板上，實在是利多於弊。同時兩者都面積不大，即使產生煞氣，也比橫樑要小得多。

不過話雖如此，最好還是盡量避免坐臥在它們的正下方；否則日積月累下來，仍然會造成不良影響。居家風水力求平安穩妥，一定要先避免煞氣，才能進一步談招吉納福。

不在乎天花板煞氣的睡床

前面提到不可以把睡床放在橫樑的下面，

這裡同時要提醒各位，如果睡床上方有吊扇、吊燈，時間久了，也會造成健康上的問題。倘若吊扇吊燈的體積大，或者是吊在橫樑上面，殺傷力就更加可怕。

最徹底的解決方法，當然是把床從樑下移開。萬一臥室的面積不夠大，無法把床挪開的話，另有一個可以根本化解煞氣的辦法，就是換一張有頂的床；如果可能，四面最好還能有簾幕圍繞。

因為有頂的緣故，可以避免由天花板上來的各種煞氣；四周的簾幕更可以避開其它家具或牆壁的尖角帶來的煞氣。冬天的時候把簾子放下來，不但保暖，更能藏風聚氣，可以說是最理想的睡床。

可惜除了睡床能有這種選擇之外，其他像沙發、書桌椅、餐桌椅等等，都無法用類似的方法避煞。三十六計，只有躲開才是上計。

天花板的高低

天花板的高度，與房間氣場的容量有直接關係。有些號稱樓中樓的新式設計，為了增加使用空間，把天花板弄得十分低矮，會造成容氣量不足，妨礙家運發展，其實很不划算。

另外有些建築商，很喜歡蓋挑高了天花板（high ceiling）的房屋。尤其樓房，通常客廳、飯廳或者起居室，會有一層半到兩層高。

這樣的高度能容納大量的氣，形成能量很大的氣場，當然是一件有利的事。不過同時也需要注意到，當氣被大量吸入有高天花板的地方之後，其它的房間是不是也有機會能得氣。

尤其一進大門，在玄關的地方就是挑高天花板的房子，氣場會在這個區域特別強旺；假如不能很順利的流通到其他房間的話，有可能造成別的房間呈現氣衰的現象。假如有這種情形發生，高天花板就未必是一件好事了。

所以凡是挑高了天花板的房子，一定要注意到大門進氣的情形。千萬不要只顧到氣派好看，造成房子裡的氣場衰旺相差過大，以致家庭成員的境遇發生極大的差距。

傾斜的天花板

有些房子因為屋頂的傾斜度大，使得房間

裡面的天花板也不得不呈傾斜狀。具有這種天花板的房間，絕對不適合做臥室，或者是經常使用的工作室、書房等等。

在天花板傾斜的房屋裡待久了，心情往往也跟著不能平衡，會沒來由的想要追求刺激與變化。就算自己能沉得住氣，外在的環境或人事也容易發生突如其來的改變，使住在裡面的人生活不得安寧。

如果傾斜的天花板是存在於渡假屋或者客房裡，倒無所謂。

渡假時候的心情本來就與平常不同，而且時間短，不至於因為住在這樣的屋子裡受到特別影響。至於客人房嘛，除非來訪的客人常住不走；假如只是短期停留，對主客雙方都不會有什麼損傷。

利用陽台納氣招祥

陽台的作用大於窗戶

住宅的進氣口，依重要的程度排列，計有：
1.大門。
2.邊門。
3.後門。
4.人能夠進出的陽台。
5.窗戶。
6.人無法進出的裝飾性陽台。

住宅主要的納氣口是大門。其他能與外界接觸的通道，如邊門和後門，重要性略次於大門。再其次，就要算陽台和窗戶了。

其中有落地窗相通，人能進出的陽台，重要性又比窗戶要大得多。

站在風水的角度來看，家有陽台絕對是優點：在需要補充新鮮空氣的時候，陽台能發揮比大門還要大的功效；只要玻璃門夠緊密，窗簾質地夠厚實，並不需要擔心陽氣外洩。

凸出到房屋外面的陽台，還會改變房屋的外型，能使住在屋子裡的人具備某種特殊的衝勁（請參看上冊‘房屋的造型與風水’）。而與外牆齊平的內陽台，因為填實了房屋外型上的凹陷，也有助於彌補氣場上的缺失。

陽台在蓄氣方面，具有類似外明堂的作用（關於外明堂，請參看上冊的‘宅以門路為吉凶’），所以應該隨時注意保持乾淨整齊。

為了利用空間所以在陽台上堆放雜物，會嚴重影響住宅風水，是非常不恰當的做法。

有了陽台，還要懂得如何善加利用。下面就介紹如何配合陽台的方位，放上適合的風水吉祥物，以充份發揮擁有陽台的優勢。

陽台上的盆栽要細心維護

面向東方、東南方或南方的陽台，最好能放置盆栽。養在這裡的植物不但本身容易長得好，也能給房屋帶來生旺之氣，提升居住者奮發向上的精神。

對於東四命的人來說，由於這些方位是本身的吉方，可以放置比較高大的植物。

對於西四命的人來說，因為不屬於吉方的緣故，只要放幾盆會開花的小盆栽做點綴就夠了。紅色系、黃色系的花都不錯，但是要避免純白的花。（關於東西四命與吉凶方，請參看本書上冊‘磁向數與命卦’。）

無論在陽台上放置什麼樣的植物，都應該用心維護。

東方、東南方與南方這三個方向的陽台上如果有枯萎的枝葉花朵，會給家庭帶來壞運氣。

秋冬季花謝葉枯的時候，要把整個花盆移走，不能任其自生自滅。

風鈴聲一定要悅耳動聽

面向西或西北的陽台，就不適合擺放植物了。倒是適合掛風鈴。尤其金屬製的風鈴，能在風中發出清脆悅耳的聲音，激發居住者樂觀進取的心態。

對於西四命的人來說，這兩個方位是本身的吉方，在選擇風鈴的時候應該特別用心，好給自己招更多的吉氣。東四命的人因為這裡的陽台不屬於本命吉方的緣故，只能掛小巧的風鈴；太大了反而會形成煞氣。

無論是東四命還是西四命，在選擇風鈴的時候都應該注意兩件事：

§ 第一，西方和西北方都忌火，所以要避免象徵火的紅顏色。

§ 第二，風鈴的聲音是不是悅耳，要比樣子是不是好看來得重要。假如發出的聲音讓人心煩氣躁，就會弄巧成拙，造成聲煞。

北方的陽台冬天少開

如果陽台面向北方，為防冷氣入侵，冬天還是以少開少用為宜。這個方向的陽台，一定要有密實的門窗，最好還能掛厚重的窗簾，以避風寒。

北方的陽台不適合擺放植物。不但植物本身不容易發育良好，還會影響由陽台進來的氣。

假如非常希望能在北方的陽台上有些點綴的話，風魚倒是不錯的選擇。但是應該避免純白、純黑這兩種顏色，過多的紅色或黃色也不適宜。

東四命的人可以拿金色作為主調；西四命的人可以拿綠色作為主調。

東北和西南多忌諱

東北是外鬼門，西南是內鬼門，這兩個方向基本上來說並不適合有陽台。

如果陽台已經存在，應該盡量少用。為避免招來陰邪之氣，尤其不可以掛會製造出聲音的物件，如風鈴；也不要放置會搖擺飄動的物件，如風魚。

東北和西南在五行中屬土，最怕木剋，所以避免在這個方位的陽台上放置盆栽。大型盆栽，尤其不宜。

陽台也要注意避煞

因為同樣屬於進氣的通道，所以陽台像大門一樣，也要注意避煞。

上冊「房屋外面的煞氣」中曾詳細介紹

過外在環境所可能存在的煞氣。如果發現有尖、角、衝、射這幾種形煞正對陽台，就應該做一些風水上避煞的措施。

可以用來在大門避煞的方法，只要客觀條件合適，都能拿來在陽台使用。

另外還有一個不能用在大門的避煞法，在陽台使用卻沒有問題，就是利用針刺葉植物避煞。凡是葉尖如針，或莖上有刺，如玫瑰、薔薇、仙人掌、荊棘類的盆栽植物，都可以放在陽台上做避煞之用。

作為避煞用的盆栽，放置的時候要正對著煞氣的來源。這一類的盆栽都不宜太大，如果位置不對，就無法有效的制煞。

雖然這類植物易生易養，還是需要經常查看；萬一發現有枯黃凋萎的情況，應該馬上汰舊換新。

陽臺不宜挪做他用

在地窄人多的地方，為了有效利用空間，原來設計成陽臺的地方常常被挪作他用。

有些人把房間與陽台打通，使屋子的空間加大。這麼做，房間雖然增大，卻由於原來陽台的部份，下面是空的，造成房間的氣場不穩定；除了可以用來做儲藏室外，幾乎不適合做任何其他用途。

同是一把刀，在壞人手裡，有可能成為致命的凶器；在好人手裡，卻搖身一變，成為能夠保國護民的武器。

有刺的盆栽也是如此：放在大門口，是煞氣的製造者。放在陽台上，卻可以用來阻擋煞氣。

也有人把陽台圍實，當做廚房、洗衣房、晾衣場，或著儲藏雜物的地方。如此一來，陽臺雖然有了實用價值，卻失去原來可以為住宅聚氣的功能，在風水上是無可彌補的損失。

莊子有'無用之為大用'的說法。在住宅建築中看起來似乎沒有什麼實際用途的陽台，其實自有它的大用。

窗户是住宅的眼睛

人人都知道，眼睛是靈魂的窗户；在風水上卻應該說：窗户就像住宅的眼睛。住宅裡面看起來是朝氣蓬勃？還是黯淡無光？窗户是主要的因素之一。

光線充足靠窗户

除了大門，便門（包括後門、邊門）和陽台之外，窗户也是房屋納氣的一個重要管道。

尤其是現代人，基於安全和隱私的雙重考量，除了進出需要之外，多半門禁森嚴，真正是‘門雖設而常關’。房子裡的光線好不好，夠不夠敞亮，往往決定於窗户的數量、位置與尺寸。

住宅窗户大，光線明亮的房子裡，不但能增強主人進財的能力，錢也賺得比較輕鬆愉快，不感覺非常勞苦。

不過這只限於客廳、書房、飯廳等白日活動的場所。臥室不在其中。

古時候受到建築材料與技術的限制，窗戶固然能進氣，也同時會有洩氣的問題存在，所以認為窗戶太多無法聚財。到現在還有風水家批評歐美的住宅，說是窗戶太多以致洩氣，難怪外國人花起錢來大手大腳，難有積蓄。

其實住在多窗的房子裡，光線明亮，氣場強旺，所以大幅度提升了進財的機會。賺的錢不但數量多，也會比較輕鬆容易。只要窗子的框架與玻璃品質良好，能兼顧密閉和隔熱的雙層功能，實在不必太顧慮'洩氣'的問題。

不過風水講求'平衡'。假如一個房間裡面，窗戶的面積居然大過於牆壁的面積，陰陽不得平衡，就不是好現象了。

窗戶破了不補，不但失去遮風蔽雨的功效，家裡的財氣還會由此外洩，讓你破財的次數頻繁。

風水上與窗戶有關的事項

就風水的觀點來看，窗戶除了數量和大小要與房間的面積配合之外，還有一些其他需要注意的地方：

§ 窗戶上的玻璃破了要盡快修復。

> 玻璃破裂，家中的財氣會外洩。如果不及早修補，財會越破越多。

§ 家裡的每一扇窗戶，都應該要有窗簾。

窗簾的目的在調節光線。即使窗戶外面對著自家後院，也該有窗簾。

窗簾的厚度以能擋住光線為宜。太薄的窗簾無法遮住光線，沒有調節陰陽的功能；日照太盛的時候固然無法收遮陽之效，夜晚室內的光線也會外洩。無論對安全、隱私或風水，都屬於不利因素。

其實百葉簾（mini blind）是相當不錯的選擇。除了不妨礙視野之外，還能隨時調整室內的明暗度；假如不想在窗簾上勞神傷財的話，至少也要裝上百葉簾。

百葉簾有橫排有豎排，質料多樣、顏色多種，能夠在不妨礙光線的情況下避開窗外煞氣。

門、窗是房屋的通氣孔道。如果有破損、封死的情況，就好像人的血管上有破洞，或者被堵塞了一樣，必然會發生問題，而且一定是嚴重問題。

§每扇窗戶都要能開能關。

家裡要是有卡死不能開關的窗戶或門，對家人的健康、感情會有不良影響：老年人，容易得血脈不通的毛病。年輕人則容易面臨友情惡化、愛情半途夭折的厄運。

所以萬一門窗有壞損以致開關不便，應該馬上修理，不可拖延。（外表看起來像窗戶或門，但是本來就設計成不具有開關功能的整片玻璃，不在此限。）

即使有根本不想使用的門窗，也不可以隨隨便便的封死了事。

有些人為了怕洩財而釘死某些門窗，反而會因此嚴重削減進財的能力，絕對得不償失。永遠不想再用的門窗，必需拆掉重新砌牆，才是正確的做法。

防風災時以膠帶黏貼玻璃，以致門窗無法開關，風災過後要趕緊把膠帶拿掉。

沒有窗戶的房間不宜作臥室

窗戶是房間的呼吸孔道。沒有窗戶的房間，氣場呈凝滯狀態，只能當做堆積雜物的儲藏室使用。

現在流行的家庭電影院（entertainment room），為了放映電影方便，往往都沒有窗戶，完全靠燈光照明。就風水的角度來看，在這樣的房間裡面看場電影無傷，但是不宜久留。

假如把這樣的房間拿來做客廳，家人的人際關係會施展不開。

用作臥室的話，臥室的主人無論做什麼事都需要付出加倍的努力，才能有收穫。尤其不適合用來做小孩的臥室或者育嬰室，會不利於孩童嬰兒的生長發育。

窗戶對飯廳來說格外重要。飯廳是全家人的財氣之源；如果沒有窗戶引進光線與氣流，在風水上就像一灘死水一樣，無法帶動全家人的財運。

廁所浴室裡面如果沒有窗戶倒無所謂，但是一定要有良好的抽風設備。否則穢氣和濕氣沒有排到外面去的管道，會流進相鄰的房間中，嚴重破壞鄰近房間的風水。

避免穿堂風

房間裡沒有窗戶固然會發生問題，倘若窗戶與門或與其他的窗戶相對，也會發生問題。

風水講求‘藏風聚氣’，最怕氣流直進直出。假如窗戶與門或其他的窗戶直線相對，開門開窗的時候能感覺到風前後或者左右急流而過，成為俗稱的‘穿堂風’，就要注意有可能犯了風水上的忌諱，招致有財難聚，或者有機會卻難以把握的惡果。

如果穿堂風是前後或者左右貫穿整個房屋的話，情況格外嚴重。

改進的方法有兩個：

最徹底的方法是隔斷氣流的通路，也就是在兩窗之間或者窗與門之間，放屏風也好，裝擺設櫃也好，總要使外氣不能疾進疾出，把聚在屋裡的吉氣吹得蕩然無存。

另外一個方法是：相對的門窗不要同時打開，使風沒有對流之虞，也就不至於把屋裡的吉氣，尤其盤桓在財位的吉氣，一掃而空。

假如真覺得有必要開窗為屋子‘換氣’的話，時間越短越好。即使在沒有風的日子裡，也不要超過一個時辰。

朝東、朝南的窗戶宜大

最後還要談談窗戶的位置與大小的關係。

東方與南方對於光線的需求，要比西方與北方來得大（請參看上冊‘確定氣場的強弱’中論光線明暗的一段），所以住宅中朝東、朝南（包含東南）的窗戶最好比朝西、朝北（包含西北）的窗戶大。如果這兩個方位的窗子過小，家裡會嫌陽氣不足，進取的力量不夠，住在裡面的人各方面的發展都會受到限制。

假如東、南兩個方位沒有窗戶，會有‘招陰’的可能。許多傳說有‘不乾淨的東西’出現的房子，都是這兩個方位根本沒有窗戶，或者雖然有窗，卻用厚重的窗簾密密遮擋，從來不透陽光。

二十一世紀談陰陽鬼神，似乎很不科學，很不現代；但是對於曾經有過親身經驗的人來說，並不是不相信就能解決問題的。

在風水上確實有容易‘招陰’的住宅。讀者如果有這個問題存在，不妨試試這個方法：白天把窗簾打開，讓東方和南方能有日照；除去窗外可能擋住陽光的大樹，同時把院子裡的陰性植物清除乾淨，讓陽氣在住宅內外能夠暢通無阻。

這個方法雖然簡單，效果卻相當不錯，曾經用來清潔過很多‘不乾淨’的房子。

讓門窗上爬滿蔓藤，或許看起來清涼富有詩意，但是這些陰性植物會減弱住宅的陽氣，導致生活上種種問題，而且還有招陰的可能。

第二篇 客廳風水

客廳的位置與格局

客廳的位置宜前不宜後

在第2頁'大門內的玄機'中提到過：一進大門，最好不要馬上看到廁所、儲藏室、廚房或者臥室。那麼，最好能看到那個房間呢？對於沒有玄關的家庭來說，答案是：客廳。

客廳是招待客人的地方，是家庭與外界接觸的界面，最適合也最需要直接承受到外氣。而剛進大門的氣特別強旺，有助於理智性的思考；選擇靠近大門的地方做客廳，在這裡接待客人，自然而然會具有不同於自家人相處的情緒與態度。

萬一無法讓客廳靠近大門，也一定要把它的位置安排在房屋的前半部。如果安排在房屋的後半部，是非常不利的格局。

住宅風水的重心在後方，所以後半部應該保留作家人的臥室，或者起居活動的場所。如果客廳位於後半，無論生張熟魏，只要進門就能穿堂入室，不但有礙於家庭的隱私，還可能會形成喧賓奪主的情勢，變得無法掌控自己的家庭生活。

兩層樓的住宅，家人的臥室和起居室都在樓上，當然沒有上述的顧慮。不過考慮到進氣的問題，還是把客廳安排在前半的好。

客廳在風水上影響著主人的人際關係。雖然它並不在居家風水最重要的'門、灶、床'三件事之中，但是對社交生活日益繁複的現代人來說，地位越來越重要。

上圖客廳裡的天花板，裝修的花費絕對不少，煞氣可也不小。

客廳格局宜正不宜奇

客廳的格局還是以方正平整為佳；最好能四角整齊，天花板和地板都沒有高低不平的狀況。至於是正方形或是長方形倒沒有太大的關係。格局方正的客廳，通常來往的朋友會比較正派，也容易得到朋友的助力。

假如刻意把客廳裝修得非同尋常，上面的天花板和下面的地板高低不平，無論標榜的是‘藝術’或者‘新潮’，都會反映到自己的人際關係上：平常來往的朋友多半背景複雜、龍蛇夾處，同時也難以培養出長久可靠的友誼。

有些多邊凸起、奇特怪異的造型，還會形成室內的煞氣。住宅風水首重避煞；旁人避之惟恐不及的煞氣，居然還有人會花錢在家裡製造出來，只能說是自己找罪受了。

此外，客廳的天花板宜高不宜低。

高天花板（high ceiling）的客廳，通常都採光良好，具有比較大的蓄氣功能，有助於家運的發展。

過於低矮的客廳，氣場欲振乏力，會影響到家人的運氣，就算因此能壓低房子的建築價格，再便宜也不合算。

窗户是必要， 陽台能加分

正因為象徵人際關係的緣故，客廳一定要有窗户。沒有窗户的客廳，廳裡與房外的氣無從交流，主人在社交方面容易陷入困境，難以發展出良好的人脈。而且本身性格會有越來越孤僻的傾向，不但享受不到親朋好友相聚的歡樂，有困難的時候更缺乏強而有力的後援。

相對的，配有陽台與大扇落地窗的客廳，必然敞亮開朗，能幫助屋主在社交場合的活動力，事業上也會常得貴人提拔，前景光明，所以在風水上具有加分的條件。

陽台所對的方向，最好是主人命卦的吉方（有關個人的命卦與吉方，請看上冊‘磁向數與命卦’），才能發生正面的影響力。如果再能在陽台上放上適合的風水吉物（請參考本書第20頁‘利用陽台納氣招祥’），就更理想了。

以上所談到的陽台，都是指真正能夠使用的陽台，也就是人能夠從房子裡面走到外面去的陽台。

至於那些裝飾性用的假陽台，因為不便於打掃，會成為藏污納垢的煞源，在風水上很可能未蒙其利，先受其害。

客廳需要比臥室明亮

風水上講究‘明廳暗室’；廳是客廳，室是臥室。客廳一定要比臥室明亮才好。否則白天工作會提不起精神，對什麼都沒有興趣，老是覺得前途茫茫、人生乏味。回家之後又處處挑眼，看誰都不順氣。

所以在買房子的時候，就要注意客廳光線的明亮度。除非是陰天，否則白天在客廳裡看書看報需要開燈的話，就表示客廳裡的光線不夠明亮。

晚上要靠電燈照明。倘若客廳裡燈光的亮度不如臥室，也是陰盛陽衰的現象，在風水上不足取。

一盞明亮豪華的大吊燈，掛在客廳裡可以帶動氣場，製造吉氣；掛在臥室裡，卻很可能就要變成煞氣。

客廳裡的沙發和大型家具

沙發是客廳的重心所在

在佈置客廳的時候，首先要考慮沙發的位置，也就是說，要先為沙發中的主件（通常也就是一組沙發中最長的那一張）找到適當的放置地點。

理想的沙發位置，需要‘背牆向門’。

背牆：象徵背後有靠山，能得到朋友的幫助、師長的賞識、貴人的提拔，自己因此能處於非常穩定有利的地位。

下圖主沙發的背後放了一個矮櫃，所以雖然不靠著牆，也不至於背後完全無靠。

假如實在無法靠著牆放的話，可以在沙發的背後立一扇厚重的屏風，或者放置與沙發大致等長的矮櫃，或者其他大型家具，也能得到背後有靠山的效果。

沙發的背後如果是通道，上述的佈置方法更是必要。不過用來做為靠山的家具，一定要兼具穩與重兩個條件。凡是能夠轉動的，會發出聲音的，或者一推就會倒的，統統不合格。

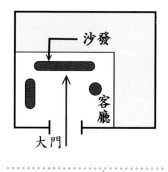

正對著大門的位置會經常承受到進氣的衝擊，不適合放置沙發。

向門：可以對進出的客人一目暸然，象徵在人際關係上可以佔主動地位，能掌控全局。

不過‘向門’只是指坐在沙發上的時候，眼睛能很方便的看得到大門，並不是正對大門。假如對著大門放沙發，讓氣從大門直沖而來，即使進來的是吉氣，也會因為過直、過急的緣故，帶有煞性。

一組沙發擺成一張大的靠背椅

為主沙發找好位置以後，就可以安放茶几和其他的配件。我們在上冊‘選擇理想的住家地形’中介紹過風水上的‘靠背椅說’（也就是傳統的‘四靈說’）。這種‘前低後高，兩邊有靠’的概念，也可以用在佈置沙發上。

長沙發的前面，當然放的是茶几。茶几的高度最好能比沙發略矮，維持一個前低後高的形勢。

茶几和沙發之間要留有適當的距離。太遠了，使用起來不方便；太近了，會讓氣沒有迴轉的餘地。

擺放在主沙發兩邊的家具，最好能對稱。如果左邊有一張矮几，右邊最好也能擺上一張。如果左邊有雙人沙發，右邊至少要有一張單人座椅。

兩邊家具的樣式倒不需要完全相同，但是希望左右伸出的長度差不多，就像靠背椅有兩個扶手一樣。要是長短過份懸殊，或者只有一邊，都是風水上的缺陷。

沙發要有主從之分

倘若家裡往來的客人多，需要兩張沙發的話，一定要分出賓主來。

自己常坐的位置是主，背後一定要有靠；留給客人坐的那張沙發，就算背後是通道也無所謂。像右圖這兩張沙發，右邊一張靠牆，當然是主；左邊一張靠窗，就不妨留給客人或家中的孩子們坐。如果可能的話，最好在整組沙發的下面放一張大地毯。

地毯不但能給沙發前面的明堂劃出明顯界限，而且還有蓄氣化煞的功能：吉氣經過的時候，固然由於在地毯上停留而顯得迂迴有情；就算有凶氣降臨，也會因為地毯的緩衝而降低殺傷力。

不可放置沙發的地方

上圖右手邊的這張沙發，不但左邊對著房門，背後還是走道，等於把主動權完全交在別人的手裡，想不犯小人也難。

除了不能把沙發放在正對大門的地方之外，放置沙發還有兩個大忌：

§ 第一，絕對不可以背對大門或通道。

沙發的背後沒有靠，主人無法得到近親好友的助力，還會招來小人的暗算。沙發的背後是通道，到家裡來的朋友越多，就越容易‘犯小人’。

§ 第二，絕對不可以放在樑下。

客廳風水關係到主人的人際關係與社會地位。如果坐的沙發正好擺在樑下，容易受環境所迫，在生活中有‘不能不低頭’的窘況。

坐在你最常坐的沙發上，抬頭看看天花板，假如有橫樑壓頂，馬上把沙發移開。這種檢視，不需要等風水專家，自己就能做。

先要避凶，再談趨吉

萬一發生互相牴觸的情形：如果把沙發放在吉位吉向上，就會犯樑或沖門；倘若避門避樑，又無法坐吉向吉。這時候該如何決定取捨呢？

把沙發放在這樣的地方，家裡人的人際關係，很難好得起來。

我的建議是：先要能避凶，才能談趨吉；假如連平安都不可得，那裡還談得上追求幸福呢？

所以選擇沙發的位置，要以‘前後左右都不正對房門，同時不在樑下’為大前提；能先把握住這兩個原則，再談選擇吉位和吉向。

能響會動的家具

現代人的家中都有電視與音響。這兩個物件能產生電波、發出聲音響動，有力量改變氣場，所以擺放的位置十分重要。

凡是能響會動的，包括各型電器（電視、音響、電扇、窗型冷氣）、具有鐘擺的掛鐘、有魚游動的魚缸、時常生火的壁爐等等，都應該盡可能的放在吉方。這樣就可以藉由影像的變換、音波的激盪、氣流的轉動，來啟動吉方的氣場，使家中充滿了活躍生動之氣。

如果誤把這些能響會動的家具用品，放在命卦凶方的話，就會啓動凶煞之氣。假如最近有被朋友出賣的經驗，或者覺得自己老是受朋友的拖累，不妨檢查一下客廳的佈置，看看是不是犯了這種錯誤。

體積大而少用的家具

在具有煞氣的方位，該放些什麼樣的家具呢？應該放體積大而少用的家具。

譬如說陳列櫥、酒櫃、大型藝術品等等，這些沉重的家具，平常既少搬動，使用的機會也不多，正好可以用來壓制凶煞之氣。

書本特別重，所以書架也是非常適合拿來鎮煞制凶的家具。只要不是每天大量取用書架上的書籍，就能作為鎮煞之用。

沉重的家具假如錯放在生旺的位置，就會妨礙主人的人際關係，很難交到志同道合，情深義重的好朋友。

大型家具假如邊緣成直角或者角度尖銳的話，本身會帶沉重的煞氣，所以選購家具的時候，以邊緣不帶尖角的為佳。陳列櫥、書櫃，最好都能帶有玻璃門，就不需要擔心隔層板所散發的煞氣。

客廳中的其他擺設

除了以上或動或靜的大型家具之外，這裡要特別談談掛飾、植物、鏡子這幾種比較特別的擺設。

字畫要一團喜氣

先談掛飾。客廳裡的掛飾，不外字畫、條幅、圖像、壁毯等等。

就文字來說，內容宜帶喜氣。凡是充滿悲情愁緒，或者悽愴哀怨，或者意態蕭索的詩詞歌賦，像‘長恨歌’、‘別賦’，無論作品的意境多麼高深，書法多麼佳妙，都會影響來客的心情、主客之間的關係，形成氣場上的負能量，不宜掛在客廳裡。

意氣激昂，戰鬥意識強烈的文字，如‘滿江紅’，可以掛在書房裡；教訓意味濃重，只適合給家人自看的，如‘朱子家訓’，可以掛在起居室裡。放在客廳裡的墨寶條幅，總要適合賓主一同觀覽才好。

牆上掛的圖畫、照片也最好能夠喜氣洋洋。像是題有‘花開富貴’的牡丹圖，題有‘松鶴延年’的松鶴圖，題有‘鵬程萬里’的大鵬圖。其他如壯闊偉岸的山

國色天香，花開富貴的牡丹花，是國人最喜歡掛在客廳的畫。

水、富麗堂皇的樓閣、花團景簇的庭園、吉祥美麗的鳥獸，或者雍容華貴，或者祥瑞平和，讓大家在觀賞之餘，還能感覺到人生的美好願景，就適合放在客廳中亮相。

至於天寒地凍、淒風苦雨的景色，孤寂落漠、荒涼慘淡的畫面，會使看到的人徒然情緒低落，意氣消沉，還是不掛也罷。

掛畫的位置很重要

掛畫的位置也有講究。流水、瀑布之類的畫，水的流向要對內。因為水主財的緣故，向內流表示進財，向外流則象徵家財往外送，並不是吉兆。大鵬展翅之類的畫，鵬鳥的頭要朝外，象徵有向外發展的機會，如果鳥頭向內的話，就失去意義了。

凡是以帆船、駿馬、雄鷹為主題的畫，掛的時候要注意頭的朝向。

馬因為代表官祿（所謂‘祿馬’）的緣故，掛畫的時候多喜歡馬頭朝內，象徵馬把功名利祿馱回家來。載貨的船也一樣，船頭朝內有滿載而歸的意象，屬於吉兆。

尤其是希望另一半不要老是往外跑的朋友，更應該保持馬頭和船頭朝向屋內的狀態。

不過從事貿易，尤其遠洋貿易的朋友，或許會想要把船頭馬頭朝外，希望在工作上有向外開創一片天地的機會。

好在改變掛畫的位置並不是難事，盡可以按照當時的需要，做機動性的調整。

照片和壁毯

客廳是待客的地方，不宜掛家人的照片。像結婚照、生活照、孩子的畢業照，或者個人的大頭照，都最好能從客廳移到其他的房間，像起居室、書房或者臥室中。

裸體照片，不論是色情還是藝術，都不宜掛在客廳裡。人是陽，影是陰，裸體的影象更是陰中之陰。除非主人以攝影為業，否則在客廳裡掛人物照片，尤其是裸體的人物，會因為陰氣過重的緣故，在自己的事業發展上蒙上陰影，對人際關係更有不良導向。

至於壁毯，如果有圖像內容的話，不妨參考上述對圖像的建議。倘若只是花紋圖案，顏色的選擇就非常重要了。（請參考本書上冊第四篇‘風水調氣’來選擇適當的顏色。）

燈光與樑柱

客廳的光線，白天要靠自然採光，夜晚就只有依賴燈光了。

基本上來說，客廳屬陽，臥室屬陰；夜晚在客廳活動，燈光一定要明亮才行。吊燈的大小應該與客廳的大小，天花板的高低成正比。

經濟許可的話，客廳應該採用比較氣派而華麗的吊燈。

如果掛有大型字畫，可以考慮採用壁燈或地燈來打光。不過先決條件是字畫的內容要吉祥可喜才行。

打光的作用和鏡子的功能相似：能夠加強事物本身的力量，吉則愈吉，凶則更凶。

客廳裡的樑柱

或許是為了表現氣派，有些住宅在客廳裡建有樑柱。就風水的觀點來看，客廳裡有樑柱其實弊多利少；圓柱子還比較無所謂，如果是方柱，柱子的四個直角會形成煞氣，破壞客廳的風水。

化解這種煞氣，需要在柱子旁邊放盆栽。盆栽要高大才有效；如果不夠高，可以在盆栽下面放置立凳、茶几或者花台來增加高度。不過用來增高的家具最好是圓的；如果有銳邊尖角的話，本身就會產生煞氣，豈不是‘未蒙其利，先受其害’嗎？

讓蔓藤類的植物爬在樑上也是很好的化解法。不過只能少許，多了會增強客廳裡的陰氣，恐怕得不償失。

闊葉植物可幫助進財

在客廳裡養盆栽是很聰明的做法，除了能用來避煞之外，在風水上還有積極的作用。

把大型盆栽放在客廳裡，不但能帶動生旺之氣，還有‘家運溫度計’的效用。假如生長良好，顯示家運興旺。如果開始枯黃萎頓，凡事就該小心謹慎；尤其在錢財方面，千萬不要有投機冒險的行為。

如果想要藉盆栽招財，要選擇闊葉，或者樹葉呈圓形或心形的植物。至於葉尖如針或者莖上有刺的植物，放在陽台、屋外都能有避煞的功能，放在屋裡卻會形成煞氣，破壞財運。購買盆栽的時候，一定要分辨清楚。

假如目的在為自己的生活或事業的成長帶來蓬勃的生機，就應該選擇生長快速的植物。富貴竹有節節高升的意象，黃金葛易長易養，兩者都有吉祥響亮的名字，所以是最受歡迎的室內風水植物。

盆栽本身具備生長的能力，放在客廳裡能增加旺氣。假如客廳的東南、東邊或者南邊有陽台和客廳相連，在陽台養植盆栽，一樣可以達到加強客廳氣場的效果。

'愛情熱點' 最好放鮮花

愛情熱點究竟
在那裡？

牛、蛇、雞三
種屬相的人在
正南；
兔、羊、豬三
種屬相的人在
正北；
鼠、龍、猴三
種屬相的人在
正西；
虎、馬、狗三
種屬相的人在
正東。

如果希望能有戀愛的機會，或者想要鞏固現有的愛情，應該根據自己的生肖，把植物放在客廳中自己的'愛情熱點'上。

什麼植物能提升愛情運呢？最好莫過於能夠開花的植物。當然，假如把鮮花直接放在自己的'愛情熱點'上，效果會更好。不過鮮花容易枯萎；在'愛情熱點'上有枯萎的鮮花，對愛情非常不利，所以需要特別用心照顧。

為了減少汰舊換新的麻煩，能不能用塑膠樹，緞帶花來代替真品呢？人造植物或人造花卉，因為有形無實，本身毫無生氣的緣故，不能對改善風水起任何實際作用。

請注意：除非別有用心，否則已婚的人應該避免在這四個'熱點'上放鮮花，免得自己或者配偶受到外界的誘惑，引起家庭問題。

客廳裡植物和壁爐的忌諱

在客廳裡的植物，還要注意客廳本身的位置。倘若客廳位於房屋的西南方或東北方，最好避免能在客廳本身的西南或東北的部位放置大型植物。

位置在西南方的客廳，如果再在客廳的西南放置大型植物的話，對家中女主人會造成傷害。假如家中的女主人已經上了年紀，或者健康情形不良的話，即使小盆栽也不宜多放。

位置在東北方的客廳，要是在客廳東北再放大型植物，影響家人消化吸收，容易感覺疲憊。倘若家裡有在校的學生，或者從事研究工作的人，不易取得優良成績。

同時也要注意壁爐的位置。

使用西北客廳的壁爐，嚴重威脅到家中男主人的健康，發生中風、高血壓、心臟病的機率會大幅度提高。如果有年紀大的男性長者住在家裡，尤其不可輕忽。

至於西方客廳裡的壁爐，則會影響家庭的財運與快樂。一個家庭如果在經濟方面日走下坡的話，家中成員免不了煩惱重重，確實很難快樂得起來。

位於房屋西北方或西方的客廳，如果有壁爐的話，最好不要啟用。

客廳中不宜隨便掛鏡子

鏡子不但能反光，也能反射氣的能量，所以常常被用來做強氣或制煞的工具。

在客廳中掛鏡子，假如鏡子本身坐生吉向吉，可以藉反射作用，使吉氣加倍。反之如果坐凶煞之地，又照向凶煞之地，則會使凶氣更加險惡。

如果坐煞照旺？或者坐旺照煞呢？反射的結果會吉凶糾結，利弊難辨。尤其客廳是住宅中人氣最雜亂的地方。來客的心情不同，氣場不同，經過鏡子的反射之後，更是錯綜複雜，有可能引發出許多無端的煩惱。

因為有這層顧慮，所以不鼓勵大家在客廳裡掛鏡子。尤其交友面廣，各種各樣的朋友都可能到家裡來的話，不但鏡子不宜，所有明顯反光的金屬片或者鏡框，都最好掛高一點，不要直接反射到來來去去的客人。

保持動線流暢

談了許多客廳的擺設與裝潢，在本文結束以前，要特別強調一個佈置客廳的原則問題：一定要保持動線流暢。

什麼叫‘動線流暢’？指在活動的時候不受到阻礙；也就是說，進出客廳，以及在裡面活動的時候，不能有需要‘繞路’的感覺。人在客廳裡如果覺得處處擋手絆腳的話，氣在裡面也不可能會流動得順暢。

如果為了想要趨吉，或者顧到避凶，結果佈置出一個活動不方便的客廳來，絕對不可能會達到趨吉避凶的效果。

同時更不要用家具或者雜物把客廳堆得滿滿的，阻礙了氣的流通，造成‘滯留’現象。要知道‘煞氣’雖然凶險，只是‘地雷’，不碰觸的時候不見得發作；但是滯氣卻馬上會影響日常生活，讓人時時感到不順心，比煞氣還要教人難過。

第三篇 臥室風水

臥室是住宅風水的重心

臥室的位置不宜在房子的前半

在‘客廳的位置與格局’（第33頁）裡提到過，客廳的位置應該越靠近大門越好，至少應該要安排在房屋的前半部。但是家庭成員的臥室，卻需要安置在房屋的後半部。住宅的後半是主位，前半是客位，絕對不容混淆。

倘若臥室不但在房子的前半，甚至還凸出到大門的前面，從建築平面圖來看，彷彿睡房在門外似的（見下圖）。這種情況，尤其糟糕。

凸出在門外的臥室，如果是由夫婦或情侶佔用，雙方關係容易出狀況；或身不由己，兩個人聚少離多；或其中一人心有外鶩，無法專情；或意見不合，雙方多口角爭執。總之在感情生活上多少會有缺憾。

有的住宅，大門設計成向裡縮進，房子從門的一側(或兩側)向外凸出（如下圖）。假如凸出的部分是臥室，就會有臥室在大門之外的情況出現。

即使把它安排為單身者的臥室，住在裡面久了，也會變得不戀家，看家庭如旅館，只是一個睡覺的地方。年幼的子女住在這裡，將來會有早早離家的傾向；出門之後，也不常回家探望。

這種位置的臥室，最好作客房用。假如家裡有人長期在外地求學、工作，也可以作為這個人休假回家時的臥室或工作間。

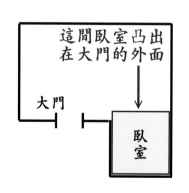

車房的樓上不宜作臥室

　　兩層或三層的樓房，如果整個屬於同一個家庭所有，樓上的房間並沒有賓主的分別。位於樓上的臥室，即使在前半也無傷。不過長輩最好還是住在後，晚輩則不妨住在前，因為後半到底還是重於前半。

　　車房與房屋連接在一起的住宅，樓下是車房，樓上是房間的情形非常普遍（見右圖）。

　　臥室在車房上面，會使人有心思浮動，情緒不穩定的傾向。對成年人來說，工作不容易穩定，財運方面也多少受到不良影響。倘若住的人還在就學，因為心志不集中的緣故，學習的態度和效果都會大打折扣。由陽台所改建成的臥室，也會有同樣問題。

　　也有人在獨立的車房上面加蓋一層。像這樣的房間，用做臥室就更不相宜了。

臥室門不可以正對大門或後門

　　房子裡面的房間，若有兩門相對的情況出現，一般來說都不是好現象。臥室尤其如此。

　　臥室的門如果正對大門或後門（在建築藍

圖上看，與大門或後門成直線相對，中間毫無阻隔），最為不利。一方面由門外進來的氣直沖臥室，會造成煞氣，傷害到睡在這個房間裡面的人。一方面外氣大半被這個房間所吸走，也會使其他房間有得不到氣的可能，影響到家中其他的成員。

化解這種煞氣，釜底抽薪的辦法是為臥室另改一處開門。倘若實行起來有困難的話，也可以在兩扇相對的門之間擺一扇屏風，或者放置其他可供遮擋的大型家具。總要使由大門或後門進來的氣，不能直接沖往房間才行。

如果地方不夠大，至少要在臥室的門上裝上門簾。門簾的質料越密實越好；長度最少要能擋住大半個門，才會發生作用。

睡在帶有這種煞氣的臥室，如果臥室的主人正當盛年，受到影響的主要是感情生活與財運。正對大門，進財的能力要大打折扣；正對後門，會讓主人破財。

要是老人、兒童，或者體弱多病的人睡在裡面，會嚴重傷害健康，後果實在令人擔心。

兩門相對的臥室容易生猜忌心

假如兩間臥室的門與門正面相對，住在兩邊的人會彼此猜忌，暗中勾心鬥角，不容易融洽相處。家和才能萬事興；家人之間如果發展出這樣的關係來，當然令人痛心。

好在化解的辦法並不難，不過要雙管齊下才行：一是在兩個臥室的門框上掛上門簾，一是讓兩扇門的開向錯開（見右圖）。

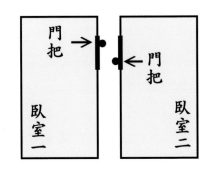

門簾的質料不拘，布簾、珠簾、竹簾都可以，只要臥室的主人感覺喜歡就好。不過長度至少要能擋住門的一半，才會有效。不過兩個房門採用的門簾，質料和花色不能完全一樣，否則效果會大打折扣。

至於門的開向錯開，則是指當兩扇門都關起來的時候，兩邊的門把彼此不相對。

倘若這兩件事都能做到的話，可以消減因為臥室兩門相對所帶來的問題。

臥室門對著廚房門

廚房裡因為同時兼有火氣（爐台、烤箱）與水氣（冰箱、洗碗槽），一不小心就會有水火相激的可能，形成煞氣。

假如臥室的門對著廚房的門，這股煞氣很容易由廚房射進臥室。由於水火相爭對婚姻的殺傷力最大，如果是已婚夫妻的臥室，要提防婚姻關係起變化。

即使廚房裡沒有水火相爭的問題，但是兩門相對，油煙火氣直進臥室，也會影響到臥室主人的健康，容易神經衰弱，心火躁熱。

§ 最徹底的解決方法：移開廚房的門或者臥室的門，讓兩門不再相對。

§ 最省事的解決方法：養成隨手關上臥室門的習慣。（不過假如臥室沒有窗戶的話，老是把門關著，臥室裡的氣停滯不動，還是會有不良後果。）

臥室門對著廁所門

臥室的門如果正好和外面的浴廁相對，也會產生問題：一方面要防浴室廁所中的濕氣和穢氣竄入臥室，一方面要防臥室裡的吉氣會從浴池馬桶中流走。

遇到這種情形，受影響最大的是臥室主人的感情生活；睡在這樣的臥室裡，戀愛很難開花結果。假如還把床放在對門的地方，連帶健康也會受到破壞；平常就會小毛病不斷，生起病來更是痊癒得特別慢。

解決這個問題，需要勤於關門。如果臥室和廁所都有窗戶的話，平時最好把兩邊的門都關上，靠窗戶來流通空氣。否則的話，至少也要關閉其中的一扇，不可以讓它們同時打開。

臥室門與浴廁門相對，在裡面的浴廁比在外面的浴廁，還要糟糕。

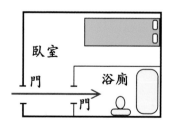

臥室
門
浴廁
門

套房和附屬的浴廁

附有浴廁的套房，假如浴廁的門

和主臥室的門成一直線（見56頁的圖），臥室裡的主人在感情、健康、事業、金錢方面的運氣，全面都會受到嚴重損傷。

最好的解決方法，當然是移動其中的一扇門。萬一兩扇門都無法改換，就需要在浴廁前面放置屏風或衣櫃，使兩扇門不能直通；同時也要使兩扇門的門把不相對（見55頁的圖）。

浴室裡要經常保持清潔乾爽；除非迫不得已（譬如説，在停水期間蓄水），否則千萬不要在洗臉盆和浴缸裡面存水。

倘若浴廁有窗戶，可以藉窗通氣，就該隨時關上浴廁的門。最好還要養成習慣，使用過廁所之後，順手把馬桶蓋蓋好。

此外，從臥室通往浴廁的門不宜透明，更要避免用玻璃做隔間，才能制止吉氣外散，堵絕穢氣內流。

臥室的面積不宜太大

現代房屋有越蓋越大的傾向。不過，客廳可以大，飯廳可以大，甚至廚房也可以大；只有臥室，不宜過大。

風水上以‘房大人少’為忌，因為怕人氣不足以養屋，以致氣場微弱，帶動不了家運。臥室也是一樣。假如臥室太大，睡在裡面的人不但體力會日漸變差，性格也會變得越來越古怪孤僻。

已婚者的臥室如果面積太大，還可能會影響到夫妻的生育能力。大陸的張惠民先生，在1993年的著作“中國風水應用學”裡面，提出住在超過20平方米以上的房間裡，會生不出孩子的主張。認為睡房空間過大，會消耗人的能量；男女雙方的精、氣、神都會越住越差，導致難以成孕。

不過比起當年的情況（1993年以前的中國大陸），現在的人顯然佔有很大的優勢：

一來營養好，體力自然勝過前人；二來建築材料好，牆厚窗牢，精氣外洩的情況比舊式建築大為改善；三來現在的臥室多附有隱閉式的壁櫥，關起櫥門之後，臥室的面積會減少很多，所以生育的臨界點要遠比20平方米來得大（20平方米約合215平方呎）。

雖說如此，倘若臥室太大，還是免不了要發生‘散氣’的副作用，對夫妻感情或生育能力，必然會造成傷害。

像下圖這樣上面有頂，四周有帷幔的床，除了能增強生兒育女的機會之外，還可以擋臥室裡的一切煞氣，一舉兩得，是最理想的睡床。

幸而補救的方法不難，只要選用‘上面有頂，四周有帷幔’的床，就能幫助聚氣，增強生兒育女的機會。

但是千萬不要試圖在臥室中隔出另外一間來做為他用。臥室裡如果有房中房的隔間，會引出想要分庭抗禮的第三者來，麻煩不小。

臥室裡面的窗戶

客廳是家人活動的場所，在住宅中屬陽，需要明亮；臥室是私人休息睡眠的地方，在住宅中屬陰，最好幽靜。

理想的住家，客廳應該比臥室敞亮，所以風水上要求‘明廳暗室’。

照這個標準來看，是不是臥室裡的窗戶就越小越好，甚至最好沒有窗戶呢？當然不是。實際上，窗戶能引進空氣與陽光，對臥室來說非常重要。

在一夜酣眠之後，早晨亟需打開窗戶，引進外面的新鮮空氣，來替換已經變得污濁的室內空氣。用空調當然也可以維持臥室空氣的新鮮度，但是在風水上的效應，到底沒有自然空氣來得好。

還有從窗戶透入的日光，亮度與熱度都有助提升氣場，消除一夜所累積下來的負能量，重新蓄積正能量。

沒有窗戶的臥室，陰陽轉化緩慢，將累積超額的負能量。睡在裡面的人，會心志日漸消沉，總是從負面看事情，終至成為悲觀論者。

有沒有補救的方法？

白天盡可能不要關門；同時常常拿電扇在房間裡的各個角落吹一吹，讓屋裡屋外有換氣的機會。

窗簾至為重要

臥室的窗簾除了維護室內的隱私之外，還負有極具重要性的調整房間陰陽的作用：

白天臥室裡的光線如果太過明亮，客廳相形之下非常陰暗的話，需要用燈光加強客廳的亮度，用窗簾遮去部份進入臥室的陽光，使整個住宅中的陰陽得到均衡。

夜晚入睡之後，窗簾一方面能阻擋外在的夜氣入侵室內，同時還能防止人在入睡後，本身的陽氣經由窗戶流失。

萬一窗戶外面有形煞，窗簾更有擋煞的功能（請參看第26頁‘窗戶是住宅的眼睛’）。

因為上述的種種原因，所以臥室裡的窗戶一定需要有窗簾。有人認為小孩的臥室，或者對著自家院子的臥室，沒有裝置窗簾的必要，實在是非常錯誤的想法。

窗簾能調整房間的光線，對於客廳、臥室這些特別需要注意光線明暗的房間，尤其重要。

放置睡床的大小四不可

客廳裡的重心在沙發（見第33頁），臥室的重心當然就在床了。人一生大約有三分之一的時間在床上度過，所以'陽宅三要門、灶、床'，在風水上床與大門佔有等重的地位。

床該怎麼放？要點說起來有一籮筐。這一章裡先談放床的忌諱，以後再談放床的吉位。

選擇床位的時候，有'四大不可'，絕對不要輕易觸犯：

一不可：床的上方不可有壓力

人在睡覺的時候，就如同一座不設防的城市，無力抵擋任何外力的侵害。如果床的上方有從天花板來的壓力，自然對身心健康會造成傷害；所以決定在那裡放床之前，一定要先抬頭看看天花板平不平。

如果天花板上有突出的樑（如右圖），千萬不要把床放在下面。樑如果橫過睡床，被橫樑臨空壓過的部位容易發生問題：壓到頭部，會頭疼、失眠、神經衰弱；

要是樑的走向與床相同（如下圖），從床頭貫穿床尾，睡在床上的人會整個都被罩在樑木之下，無處可逃。這要比樑橫床而過的情況嚴重得多，應該毫不遲疑，立刻把床移走。

壓到胸部，容易得到心、肺疾病；壓到腹部，則消化系統（腸、胃等）、泌尿系統（腎臟、膀胱等），以及生殖器官都可能受波及。

天花板上有大型的吊燈或吊扇，也要避之為吉，不可以把床放在它們的下方。事實上，在睡房掛華麗的大吊燈，是花錢買災禍，千萬行不得。

睡在下圖這張床上，頭部與身體部分受到來自天花板的壓力不同，會引起健康上的問題。

同時由於床頭天花板傾斜的緣故，睡在床上的兩個人受力不相同，也容易引起婚姻問題。

有些人在裝潢房屋的時候，為了新潮或藝術，特別把天花板做得高低不平。如果有這種情形，在放置睡床的時候，要注意避開天花板上凸出的地方。

睡床上承受的氣如果不平均，容易引起身體上的不適，導致婦女不孕或流產，同時也會造成婚姻上的種種問題。

同時也要注意是不是有來自床頭牆壁上的壓力。靠床頭上方的牆壁上最好不要掛照片，就算是結婚照也不行。有可能使婚姻關係暗潮洶湧，甚至導致分手的惡果。

單身貴族在這個地方掛照片，恐怕要繼續單身下去，不容易在短期內結束自己的‘貴族生涯’。

床頭上若有空調或者附在牆上的書架之類沉重的物件，問題會比照片嚴重得多。睡在下面，就和橫樑壓頂一樣糟糕。

二不可：床頭不可無靠

談客廳的時候提過，主人坐的沙發的背後，一定要有靠。床更是如此，不但要以牆壁為靠，而且床頭板還要與牆壁齊平（如圖一）。

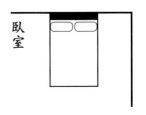

（圖一）正確的位置：床頭靠牆，床腳下面有空地。

床關係著睡床主人的婚姻與感情。床頭無靠，顯示感情沒有歸屬。

倘若把床放在臥室中間，四面都沒有靠（如圖二），感情上會有兩種走向：一種是長時間孤寂無侶，找不到知心體己的另一半；另外一種是情愛關係雜亂，來往的異性之中，志在玩玩的居多，不容易遇到真心實意的有情人。

（圖二）錯誤的位置：床的四面無靠。

有人喜歡把床斜置在兩片牆壁的夾角之間，使床頭板和兩邊的牆壁，組成一個三角形的空隙（如圖三）。用這種方式放床，簡直是跟自己的感情過不去。

睡在這樣床上的人，在感情上的付出與回收之間，往往有相當大的差距：或者你愛的人不愛你；或者愛你的人你不愛。或者有緣相愛的人，卻無緣聚守；或者終日相伴的人，卻彼此無情。總之不容易有幸福美滿的感情生活。

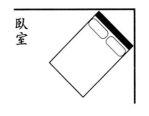

（圖三）錯誤的位置：床頭在兩面牆的夾角。

年輕孩子的床如果這樣斜放，更要防心理失衡，有不正常的行為表現。

三不可：床的位置不可對門

無論床的那一邊（床頭、床側，或者床腳），都不可以正對著門。

如果正對著臥室的門，不但沒有隱私可言，而且氣由房門進入之後，會直沖睡床，形成煞氣，對睡在這張床上的人不利。

附有浴廁的臥室，放床的時候還要小心別對著睡房裡面的浴室廁所的門，更不希望躺在床上就能看到馬桶。廁所裡有穢氣，盥洗的地方會洩氣，都有可能引來爛桃花，或是因色失財的壞運氣。

倘若臥室的設計不好，這一邊躲過了臥室的門，那一邊就躲不了浴廁的門，該怎麼放床才好呢？

在‘兩害相權取其輕’的原則下，寧可讓床對著浴廁的門，不能對著臥室的房門。不過當人在房間裡的時候，一定要記得把浴廁的門關上；最好別怕麻煩，連馬桶蓋也一併蓋下。

如果房間夠大，能夠再在浴廁門外放一個屏風，就更保險了。

假如臥室的門和廁所的門相對，而睡床正好放在兩扇門的中間，會受到雙門夾擊。把睡床放在這個腹背受敵的位置上，還希望能身心健康、感情生活圓滿，真得祖上積德才行。

上圖的綠色代表房門或者浴廁的門。這些門對著床的任何部位都有可能製造煞氣。不過壁櫥衣櫃的門無妨。

四不可：床下不可放雜物

對風水來說，‘空間’往往比‘實物’來得更重要；睡床底下就是一個很好的例子。

睡床下面要‘空’，讓氣能順暢通行。如果堆放了雜物，不但會產生‘滯氣’，造成生活上的困難波折，更有可能由於床底的髒亂而進一步製造出穢氣來。人在休息睡覺的時候陽氣內斂，難以抵擋這些滯氣與穢氣的入侵，容易受到傷害。

從風水的角度看，不建議大家購用底下附有抽屜的床。

有些人貪圖搬家省事，根本不買床架，直接就把床墊放在地上。這種情形雖然也會使空氣無法在床底下流通，但是因為不可能造成髒亂，所以比在床下堆放雜物要好得多。不過每隔一段時間就該把床墊抬起來透氣，最好還能曬曬太陽，以去潮氣。

放置睡床的其他忌諱事項

接下來要談放置睡床的一些小忌諱。上述的‘四大不可’好比是憲法，下列的‘四小不可’只等同地方法律。倘若不能兼顧的話，可以不管地方法律，但是絕對不能夠違逆憲法。

以下每個問題都附有解決方法。雖然不能化凶為吉，但是絕對有助於減輕破壞的程度。

一、避免把床放在窗下

窗戶是氣流循環、陽光照射的通道，氣場多動。而人在睡眠的時候，需要的是安靜。把床放在窗下，難以得到真正的休息。

同時人睡在靠近窗戶的床上，能量也容易經由窗戶流失，發生‘越睡越累’的結果。

只要窗戶的玻璃與框架質地良好，同時有窗簾可以調整光線，把睡床放在窗下，並不一定會引起問題。

§ 解決方法：

掛上質地比較實密的窗簾；睡覺的時候一定要記得把窗簾拉上。

二、避免讓床頭與門同在一側

就風水的觀點看，放床的最佳位置是房門的斜對角。睡在床上直接看得到門，得以在自己的臥室裡佔有主控地位。如果床頭與臥室的門在同一邊的話，就失去了這個優勢。

還有，臥室的門在開關的時候所發生的聲

響與氣動，會擾亂人的睡眠，也是床頭不宜與門同側的原因之一。

§ 解決方法：

失去主控優勢的問題，無法可解。不過睡眠以後，要求家人不要再開關與床頭同側的那扇門，可以減少干擾。

如果可能，最好不要讓床頭與房門共用一道牆（如上圖）。不過這是小瑕疵；倘若實在無法避免，也不必太在意。

三、避免隔牆與馬桶相鄰

馬桶會產生穢氣（從排水的管道冒出來），會造成洩氣（從排水的管道洩出去），抽水的聲音還會擾亂睡眠，所以離床越遠越好。如果兩者隔牆相鄰很難不受到影響。

四、避免隔牆與爐灶相鄰

床頭隔牆與爐灶相鄰，容易受到爐灶所產生的火氣干擾：或難以入眠，或容易驚醒；嚴重的話，還有可能長期失眠，因而導致神經衰弱，情緒緊張，造成身心兩方面的傷害。

§ 三、四兩項的解決方法：

選擇如同櫃子一般，有相當厚度的床頭，或者是具有空箱隔音效果的床頭板，讓睡在床上的人與馬桶、爐灶之間，除了牆以外，還有更多一層的隔離。

下圖分別顯示床頭與馬桶相鄰、床頭與爐灶相鄰的情況。

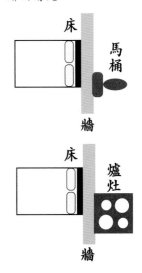

選擇吉利好床位

懂得如何避凶之後，就該了解怎麼趨吉。床當然最好能放在自己的吉位。才能得吉氣。

什麼位置是吉位呢？請各位先找出臥室的中心點，像切蛋糕一樣，把臥室切成東、西、南、北、東北、西北、東南、西南八個方位。（如果臥室接近正方形，也可以把臥室橫切三份，豎切三份，共分成九份。中間一份不算，其他八份各為東、西、南、北、東北、西北、東南、西南八個方位）。

同時，請參照上冊'磁向數與命卦'中的方法，找出自己的磁向數。

以下按照磁向數的順序，排列出臥室中適合和不適合放床的方位來，供各位做參考。

磁向數是1（即'坎命'）的人

最好把睡床放在臥室中的北方這一格中，晚上睡得特別香甜沉穩，白天自然事事順心。

其次東方和東南也不錯。體弱或多病的人適合睡在東方；多用腦力工作的人，則不妨選東南。

女性還多一個選擇，就是南方，有助於感情的發展；單身男性卻要盡量避免這個方位。

坎命的男性如果想要在戀愛或結婚方面有快速進展，需要睡在臥室的東南。

西南方和東北方，對坎命人來說，是最不宜放床的地方。

磁向數是2（即'坤命'）的人

最好把睡床放在臥室中的西南部位，煩惱少，行事多順遂。

其次依序為西北、西、和東北，都是不錯的方位。年老或多病的人，比較適合睡西方的一格；想要在感情上趕快有結果的人，可以選西北；期望早獲麟兒的人，應該睡東北。

最不適合做為床位的方位：男性是北方和東南方，女性是南方和東方。

磁向數是3（即'震命'）的人

最好把睡床放在臥室中的東方這一格中，其次是北方與南方。希望早生貴子的人，宜睡南方；年老或多病的人，宜睡北方。

男性還多一個選擇，就是東南方。這個方位有助於感情的發展，但是對女性有些不利。震命的單身女性如果想要在戀愛或結婚方面有快速進展，需要睡在南方。

西方和西北是最不適合放床的地方。對男性來說，西北這個方位尤其不適合。

磁向數是4（即‘巽命’）的人

最好把睡床放在臥室中的東南方，有助於心想事成，生活得很快樂。

東方也相當不錯。事實上，希望能早日成家，完成婚嫁的人，東方是最好的選擇。

其次是南方和北方。年老或多病的人，宜睡南方；希望早生貴子的人，宜睡北方。

最不適合放床的位置是東北方和西南方。

磁向數是6（即‘乾命’）的人

男性最好把睡床放在臥室中的西北方一格中；但是對女性卻不合適。

西南和東北對男女都很不錯：西南方利嫁娶，有助於享受美好的感情生活；東北方利健康，體弱多病的人應該選擇這個方位。

女性另外還多一個選擇，就是西方，有助於成孕生子。

八個方位中，最差的是南方和東方，對男女都不好。

磁向數是7（即‘兌命’）的人

最好把睡床放在臥室中的西方，可以順遂安穩，事事稱心。

其次依優劣順序是東北、西南和西北這三個方位。東北有利於婚嫁，西南有利於健康，西北有利於得子；兌命人可以依自己的需要做選擇。

八個方位中，東方和北方這兩個方位最差，對男性尤其不宜。

磁向數是8（即‘艮命’）的人

　　對女性來説，最好的位置是臥室中的東北方，但是這個位置對男性沒有好處。西方和西北方對男女兩性都不錯。西方對感情有促進作用，西北則有助於強健身心。男性還可以選西南，不過女性應該避免這個方位。

　　艮命的女性如果想要及早受孕生子，睡在東北方容易生女孩，睡在西方容易生男孩。

八個方位中，北方和東南比較差。其中尤其是北方，對女性很不合適。

磁向數是9（即‘離命’）的人

　　南方是最好的選擇。北方和東方也不錯。

　　睡在北方多嫁娶之類的喜慶事，感情上容易有好的發展；睡在東方容易得孕，對希望早獲麟兒的人來説，這是最好的床位。

　　女性還多一個選擇，就是東南方，有助於健康與保養；男性卻要盡量避免這個方位。

身體狀況欠佳的離命男性，如果只是體質虛弱，可以在東方放睡床；倘若有痼疾纏身，則南方會是比較好的選擇。

對離命人不利的位置：男性不喜西南方，女性則要避免西方和西北方。

如果吉凶相牴觸

各位如果按照上面的吉位來放床，可能會發現有下例這些吉凶相牴觸的情形發生：

§ 第一種牴觸，是自己放床的吉位，和擺設床的‘四大不可’相牴觸。

（也就是說，如果把床放在自己的吉方，就會犯了‘四大不可’中的某一項。）

在這種情況下，應該以避開‘四大不可’為先決條件。譬如說：吉方在天花板底下，就先看看能不能用天花板把橫樑擋起來，或者能不能買有頂的床，使睡床不至被壓。如果實在無法化解的話，寧可放棄自己的吉方，也不能去犯這‘四大不可’。

但是假如與自己命卦吉方相牴觸的，是那些小忌諱的話，則大可不必顧忌，要以命卦吉方為優先考慮。

§ 第二種牴觸，是兩個人睡在同一張床上，但是彼此間的吉凶方位相牴觸。

（也就是說，甲和乙同睡一張床，但是如

無論命卦是什麼，都不要把床放在臥室中間。

四邊不靠，是放置睡床的最大忌諱。

果照甲的吉位放床，就會擺在乙的凶位上。）

在這種情況之下，不論兩個人是情侶或夫妻，都要優先考慮女性的吉凶。男性為陽，女性為陰；臥室以陰為主，所以在安排床位的時候，應該以女性的吉凶為吉凶。尤其期待有下一代的年輕夫妻，更應該把床放在有利於妻子受孕的方位。

如果兩個人是同性（譬如說兄弟兩人睡上下舖的雙層床），最好讓分成兩個單人床，可以各取各的吉方。假如一個是東四命，一個是西四命，甚至應該考慮分房睡。

§ 第三種牴觸，是床頭床尾的吉凶相牴觸。

（也就是說，一張床跨佔了九格之中的兩個格子；而這兩個格子一吉一凶。）

如果臥室很小，沒有辦法把床完全放進吉位，不妨以床頭為準：只要床頭在吉位，就可以算吉。

不過千萬不能為了要讓床頭擺在吉位，結果變成床腳靠牆，床頭無靠，犯了四大不可的大忌，可就要弄巧成拙。

佈置臥室有五戒

除了放置睡床的大小'四不可'之外，佈置臥房還有五戒。由於臥室直接關係到一個人的健康和感情，觸犯了這五戒，會在這兩方面受打擊。

第一戒，不宜有鏡子照床。

鏡子在風水上有特別的作用，不能隨便安放。這一點在臥室裡尤其重要。臥室中最大的忌諱，就是不能有鏡子照床。

人在睡覺的時候，陽氣內斂，臥床上的氣場會呈現陰重於陽的狀態。假如有鏡子對床而照，這些陰氣經過鏡子的反射加強，不但會使人發生夢魘，時間長了，還有可能造成生理上的病痛。

夫妻若長期睡在被鏡子照著的床鋪上，因為陰氣過旺，一旦懷胎，生兒子的機率會比生女兒要少。

想要生男孩子的夫妻，最好不要在臥室裡面放鏡子。

第二戒，不宜放置植物。

大型植物因為生長力強，會破壞臥室所需要的安靜平和之氣，使主人不能得到充份的休息，應該搬離臥房。

小型植物呢？已婚者最好不要在臥室裡擺小型盆栽，尤其不要有鮮花。臥室裡的花花草草容易招致婚外的桃花，引發不倫之戀。

未婚的人因為可以藉小型的花草催發感情，所以不以為忌。但是也不宜多，放個一兩小盆就該適可而止。臥室裡花花草草太多，除了影響主人的睡眠效果之外，感情上還會多頭發展，糾葛牽絆，不是什麼好現象。

第三戒，不宜有水。

水和鏡子一樣，用得正確能產生相當大的助力，擺錯位置卻可能招災惹禍，所以不能隨便放置。臥室是住宅中最忌水的地方，無論是魚缸，是現今流行的流水的擺設，都屬不吉。不但會泡壞健康，澆熄愛火，還要讓睡房的主人大破其財。慎之！慎之！

既然臥室裡不宜有水，可想而知，由風水的角度看，採用水床是很不明智的做法。

如果樓頂有蓄水的水塔，住在頂樓的人千萬不要把臥室規劃在水的下面。萬一實在有困難，至少在安置睡床的時候，要避開水塔水池的正下方。

第四戒，床的兩側不可放高大的家具。

臥室裡面最好不要擺太大的家具。如果可能，衣櫃衣櫥都應該以隱閉型的壁櫥代替。假如非放一些大型家具不可，離床越遠越好。

床的兩邊最好只放與床等高，或者比床略高的床頭櫃。

太高或太大的家具，譬如說大型的書架、衣櫃等，如果放得靠床太近的話，不但有碰撞的危險，而且也會造成心理上的壓力，讓人難以從睡眠中得到真正的休息。

第五戒，臥房之中不宜再隔間分房。

對某些人來說，臥房並不只是單純睡覺的地方。除了床以外，有些人會在臥室裡放上書桌，用來做功課或處理公務；有些人放一套沙發茶几，方便夫妻或親近的朋友談談體己話。只要沒有隔間，這些規劃都不會帶來風水上的困擾。

但是如果正式或者半正式的在臥室裡另隔出一片空間來，問題就會浮現：臥室主人在感情上會有‘腳踏兩條船’的意圖。這種意圖在男主人和女主人身上都有可能發生。

　　正式和半正式的差別在那裡？除了牆壁以外，同時還安裝了一扇門，屬於正式分隔；只有牆，沒有可以開關的門，屬於半正式分隔。可想而知，前者比後者的影響要嚴重得多。

　　已婚的讀者，在讀過‘臥室是住宅風水的重心’（第52頁）之後，如果感覺自己的臥室過大，需要另想其他的辦法解決，千萬不要在臥室裡做房中房的隔間，以免造成夫妻感情上的困擾。

　　現代的住家建築，在主臥房或套房中往往附有相當大的，可供人出入的更衣室。這一類小房間，如果只用來作儲存衣物或者更換衣物的地方，不在裡面坐息活動，就不算做是房中房，不需要為此擔心。

　　主人房或者套房裡面的浴廁，雖然安裝有門，但是也不當作另外一個房間來看。

下圖中這間臥室，在床的對面隔開了一間可供坐臥的房間，而且有牆有門，是典型的房中房。

臥室之其他

選擇適當的睡床與床位

在第52頁‘臥室是住宅風水的重心’裡曾經建議當臥室空間太大的時候，利用‘上頭有頂，四周有帷幔’的床來聚氣。

其實這種床不僅能聚氣，還能抵擋一切煞氣。床上的頂，能抗禦來自天花板或床頭牆壁上的壓力；如果床對門、臨窗，或者屋子裡有其他煞氣，四面的帷幔也能成為保護的屏障。

有頂有幃幕的床，即使床頭無法靠牆，只要左右兩側有任何一側靠牆，就不必擔心會‘無靠’（見左圖A、B、C）。

不過不能擺成床腳靠牆，床頭空曠（左圖D）。這樣放床，就算四面有厚重的帷幕，一樣會有‘後無靠山，前無展望’的後果。

什麼叫床頭有靠？

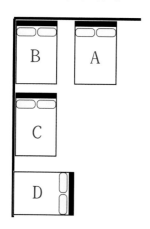

上圖ＡＢＣ三張床，或者床頭靠牆，或者一側靠牆，都能算是有靠。惟獨Ｄ床，床腳頂牆，床頭無靠，犯了大忌。即使上面有頂，四周有帷幔，也於事無補。

床頭板非常重要

床架也有主從。床頭是主，床腳只能做從。所以好的床架，床頭的板子一定要比床尾的高。

有的床架只有床頭板，沒有床腳板。這種床架頭腳分明，也可以算是不錯的選擇。

床頭板的形狀樣式也很重要。如果方正呆板，婚姻或感情生活會較為平淡無味；如果帶有尖角，容易被愛情所傷害；如果式樣過於繁複，有被感情壓得透不過氣來的可能。

想要維持婚姻美好幸福，或者希望能有甜蜜的戀愛，應該選有弧度，兩邊對稱，而且樣子輕鬆明快的床頭板。萬一床頭板居然破裂了，千萬不要將就著用；拖延不管，會埋下感情或健康上的隱憂。

床頭板還有擋煞的功效。假如睡床隔牆與馬桶，爐灶或其他不利的物事相鄰，選用寬厚的櫃子式的床頭，有助於減弱透牆而來的不吉之氣。

理想的床架，床頭部份要比床腳高；式樣雖不能太呆板單調，但是最好也不要太繁雜華麗。

夫妻在床上的位置

原則上，丈夫應該睡在靠房門的一邊。

不過假如夫妻兩人一是東四命，一是西四命，而床是南北向的話，東四命最好能睡在床上靠東的一半，西四命睡在床上的西一半。

東西四命的人吉凶方位幾乎完全不同，在不能兼顧的情況下，選床位的時候應該以妻子

的吉方為吉方；床上的位置也該先決定妻子的
位置，剩下的那一邊讓丈夫睡。

住宅風水以一家之主的命卦為主，按照華人習
俗，處處把男主人放在第一位。惟獨臥室，凡
事都應該以女性為優先考量。

臥室中其他的家具

　　前面談到，人在睡眠的時候
就像一座毫不設防的城市，最容
易受到煞氣的侵害。所以在選購
臥室家具的時候，應該盡可能找
邊緣呈弧度的寢具與傢俬，以避
免煞氣。

　　新式住宅設計中，臥室裡多
半都附有嵌入式（build-in）壁
櫥（見左圖）。這種壁櫥在關上
門以後與牆齊平，沒有會產生煞
氣的顧慮，所以比可移動的衣櫥
衣櫃要好得多。

　　不過睡覺的時候一定要記得把壁櫥的門關
起來，否則裡面那些用來分層的隔板，掛衣服
的衣架，還是會散發煞氣，對睡夢中的人造成
不利的影響。

提防電器引來的多種煞氣

　　臥室裡的電器用品也是一個問題。

一般臥室裡至少都會有鬧鐘、床頭燈。為了方便，有些人還會在臥室裡放個小冰箱。現在更有人把電視、音響視為臥室中不可缺少的用品。想讓現代人把所有的電器都從臥室中請出來，恐怕徒然浪費唇舌，說了也是白說。

　　不過，在臥室裡使用電器的時候，一定要注意音量的控制（臥室宜靜），同時也要注意電器本身體積的大小，以及放電量的多少。

　　分貝太高的音響和樂器會形成聲煞。用電量大的冰箱、整夜不關的電視，所帶的電波會形成另類射煞。這些電器都屬於級別很高的風水殺手。

　　屋外的聲煞和射煞（請參看本書上冊‘房屋外面的煞氣’），會對住宅裡所有的人形成威脅；臥室裡的聲煞和射煞，則專門傷害睡在這間臥室裡的人。

在臥室裡使用電器不當，等於自己把煞氣請到房間裡來，讓人除了慨歎一聲‘引狼入室，自尋煩惱’之外，還能有什麼話好說？

第四篇 飯廳風水

飯廳是家庭聚寶盆

財位難定，財庫易找

　　談到風水，‘我家的財位在那裡？’大概是一般人最感興趣的問題。這個問題的答案，說容易並不容易，但是說難倒也不算太難。

　　說不容易，因為每棟房子的坐向不同、房屋的外型和內部格局不同、主人的生辰八字不同，排列組合下來，就形成各種不同的結果。這個結果，需要經過羅盤的實地測量、飛星的推演，以及八字的排算，才能有定論，並不是隨手比劃就能指出來的。

　　說不難，因為也有很多風水家認為：每棟房子的財位都固定在同一個地方；既然是同一個地方，無論走到那一棟房子裡，都可以一指中的，當然不能算是難事。

　　不過這個‘同樣的地方’到底在那裡？風水師們卻往往有‘不一樣’的答案。有人認為，大門開處就是財位（所以大門的開向才會如此重要）；有人認為，站在大門口往裡看，斜角就是財位（不過到底是左斜角？還是右斜角？或者兩邊都算？各家說法卻又不盡相同）。也有人比較嚴格，規定出斜角的度數，一定要四十五度才算。

　　到底那種說法正確？坦白說，沒有定論。想要風水 DIY，在財位上為自己催財、招財的

飯廳是家庭的聚寶盆，這裡使用的家具最好能光彩細緻，質地不能太差。

像下圖這樣不見陽光的飯廳，聚寶盆的功能會大為降低。如果飯廳實在無法臨窗，必須加強照明設備。

朋友，對這個答案恐怕難免要大失所望。

好在財位雖然不容易確定，財庫倒是並不難找。如果真想藉風水蓄養財氣，為家庭聚積財富，還不如在自個兒家中的財庫——飯廳裡面下工夫。

無窗的飯廳有如一灘死水

住宅的格局，客廳一定要在前半部，越接近大門越好；臥室一定要在後半部，越遠離大門越好。那麼，做為財庫的飯廳呢？伸縮性比客廳和臥室要大得多。

一般來說，用來宴客的正式飯廳，最好能夠鄰近客廳，兩個房間都安排在房屋的前半；至於自己家人日常吃飯的地方，最好能與廚房相連，倒是不妨安排在房子的後半。

無論宴客用的正式飯廳，或者家人平常吃飯的地方，都一定要有窗。窗戶是光與熱的通道，能引進外界的陽氣，直接提升室內氣動的幅度。沒有窗戶的飯廳，就像一池死水，無論如何用力攪動，也起不了太大的作用。

　　有些風水家主張把飯廳擺在房子的中心部位，因為飯廳是一家人添加並且蓄存能量的地方，而房屋的中心是住宅氣場的發動地，直接用飯廳裡增進的能量來發動氣場，可以收事半功倍之效。

　　這種說法，在理論上可以講得通。但是如果為了要把飯廳安置在中宮，結果造成它無法臨窗，對全家人的財運很難發生實際幫助。

飯廳越敞亮，招財的能力越強。如果確定窗外沒有煞氣存在，平常日子可以把窗簾全部打開。

飯廳位置的宜忌

上一章‘飯廳是家庭聚寶盆’裡談到，安排飯廳的位置時有兩個要點必需把握：

一個是：飯廳一定要有窗。另外一個是：正式的飯廳應該安排在房屋的前半，最好能靠近客廳；至於自家人日常吃飯的地方，則不妨安排在房子的後半。

除了這兩個大原則之外，這裡還要談談其他幾點值得注意的地方：

飯廳的門忌與大門或後門成一直線

如果與大門相對，財運會直接受到外氣的衝撞打擊，做什麼事都顛簸不順，錢財不容易進到自己的口袋裡。

如果與後門相對，承受的煞氣要比前門小，但是錢財難守。口袋裡的錢來來去去，進來的往往沒有出去的多。

只要大門的進氣不會直接衝進飯廳，飯廳的出氣也不至於直接由大門散出，這個問題就算解決了大半。

§ 解決方法：

應該優先考慮，能不能把飯廳的門移開。嫌移門太麻煩嗎？只要想一想：如果真有一個聚寶盆，你能不在乎把聚來的寶物完全丟到大門外面？還是會想方設法讓寶氣留存在房子裡面？

倘若是租來的房屋，或者房子的結構無法改動房門，就要想辦法在兩扇門的中間放置大型家具，以遮斷外氣直進直出的通道。假如飯廳的面積夠大，在廳內放一個屏風擋住門，也可以解決大部份的問題。

飯廳的門要避免對著廁所的門

飯廳是全家人增進能量的地方，廁所卻是排洩穢氣的地方，作用全然相反。

這兩個房間的門如相對的話，不但讓人吃飯的時候心裡感覺不舒服，更要防穢氣污染財氣，對全家人的財運造成妨害。

§ 解決方法：

最好的方法當然還是改變飯廳的門，讓它與廁所的門錯開。

不過就算門錯開了，飯廳與廁所倘若靠得太近，對財運多少還是會造成破壞。在設計房屋格局，或者選購住宅的時候，應該要及早注意到這件事才好。

如果沒有正式飯廳

有些住宅，譬如說公寓（appartment）或者套房（suite or studio），由於本身面積不大，很可能沒有特別隔出飯廳來。

對於這樣的住家，餐桌的地位就相等於飯廳，倒不一定非要有正式飯廳不可。

如果餐桌正對著大門、後門，或者廁所的門，都應該立即移到別處去。但是倘若因此必須把餐桌放到房屋中陰暗的部位，就不如設法用家具或屏風把大門或後門擋起來。

餐桌只有放在光線敞亮的地方，才能發揮帶動家運的效果；放在陰暗的地方，會失去做為家庭‘聚寶盆’的功能。

下圖的飯廳，巧妙的利用了燈光與鏡子的反射來增強餐桌附近的亮度。這樣做雖然不能完全代替陽光，但是絕對有很大的幫助。

聚財的飯廳佈置法

聚財風水有妙方

　　飯廳既然是財庫，自然希望這裡的氣場盈滿豐盛，以收財源廣進的效果，所以在陰陽的調配上，總希望陽氣要能多於陰氣才好。佈置飯廳的時候，這是一個很重要的原則。

　　培養飯廳的陽氣，應該從三方面著手：明亮的光線、強旺的生長力、悅耳的樂音。

　　還有，除了前面談過的飯桌以外，飯廳的色調、牆上掛的畫與鏡子，以及陳列櫃等等，能不能安排得當，也會發生相當的影響。

光線亮度最重要

§ 日光

　　光線的最佳來源是日光，這就是為什麼這本書中會一再強調：飯廳一定要有窗戶。四面無窗，不開燈就顯得非常陰暗的飯廳，無論如何佈置，都很難使氣場‘動’起來。

§ 燈光

　　到了晚上，飯廳裡的光線就得靠燈光了，所以燈飾對飯廳也非常重要。燈的大

想要家裡人的財運好，飯桌的位置靠近窗戶是基本條件之一。

小要和飯廳的面積以及餐桌的大小相配合。假如飯桌不大，就不適合掛太大的吊燈，需要另加壁燈或者落地燈來增加亮度。

生長力的來源

生長力的主要來源是有生命之物，動物和植物都算在內。

§ 動物

為了增強飯廳氣場的活力，不妨在裡面擺個魚缸，養些熱帶魚、小烏龜。禽鳥也有助於生長力；但是鳥的糞便羽毛容易污染食物，不合適養在飯廳裡。

下圖的魚缸除了賞心悅目之外，還能增加飯廳氣場的活動力。

不過，並不是所有的飯廳都適合有水。譬如位於房屋南方的飯廳，因為南方屬火的緣故，怕水火相沖，就不適合放魚缸。

同時還要注意年星與運星：衰運之星落水，可以振衰起蔽；旺運之星落水，恐怕錢財反而泡湯。

§ 植物

植物也能提升飯廳裡的生長力，而且忌諱要比放魚缸少，不容易出差錯。不過盆栽的大小，要根據飯廳的位置而定。

位於東方、南方以及東南方位的飯廳，可以放闊葉大盆栽。位於北方、西南方、東北方，或者位於房屋的中心的飯廳，要選小型而生長快速的盆栽。位於西方和西北的飯廳，盆栽也不宜太大，以能夠開花的最好。

放植物的位置，最好在飯廳中自己命卦的生氣方。

不過也有例外：磁向數6的男性，把盆栽放到飯廳的北邊可以洩六煞水；磁向數是8的女性，把盆栽放到飯廳的南邊可以破禍害土。都比放在自己的生氣方要有用得多。（磁向數與命卦請參看本書上冊）

在飯廳裡放置盆栽，比魚缸的效果小不了多少，卻不需要擔心發生大差錯。

悦耳的樂音

聲音雖然無形，對氣場的影響其實很大。這也是噪音為什麼能成為煞氣的原因。（請參考本書上冊‘聲煞與穢氣煞’。）

進餐的時候如果能放點音樂，不但可以舒緩大家的心情，增加進餐的情調；萬一沒有適當的話題，餐桌上也不致太冷場。

不過要避免播放節奏太快的音樂，也要避免歌詞太憂傷沉悶，或者太激昂慷慨的歌曲。

輕快柔美的音樂最為合適。

音樂在進餐時屬於背景，如果喧賓奪主，讓大家只專注於聆賞，以致減少家人的溝通，或者忽視了對菜肴的享受，對飯廳的蓄氣功能就毫無幫助了。

顏色和掛畫

不同位置的飯廳，需要採用不同的色調；不過基本上來説，亮麗鮮活比陰暗沉悶要好。

東方、東南方的飯廳，可以用綠色系為主調，略加一點黃。南方可以用紅色系做主調，略加一點黑。北方可以用黑和白或黑和金做主調，略加一點紅。

西方、西北方可以用金色或白色做主調，略加一點綠。在西南方，或者房屋的中宮，可以用黃色系做主調，點綴一點黑色或深藍。

下面這幅畫，果蔬豐盈，色彩鮮明；掛在飯廳裡，就能增進財氣。

以上的方位中沒有提到東北，因為東北是陰陽交界的鬼門，一般來説不適合做為飯廳。

如果飯廳在房屋東北角，一定要有充沛的日照；倘若東北方沒有窗戶，無法得到陽光的直接照射，最好還是把飯廳搬到別的地方去。

至於牆上掛的畫，最好能與食物相關，譬如説水果菜蔬之類的靜

物畫，或者熙來攘往的市場風光，或者農忙時
的收割景象。

　　靜物畫要能讓人感
覺菜果的豐碩鮮美；動
態畫要富有熱鬧歡暢的
氣氛。

鏡子的效用

　　風水上有關鏡子的
忌諱很多：不能面對大
門掛鏡子，客廳裡不能
隨便掛鏡子，臥室裡更
以對床的鏡子為大忌。

上圖這個飯廳，有一面牆壁全鑲上鏡子，不
但感覺空間好像增加了一倍，同時還使飯廳
氣動的力量倍增，是十分聰明的做法。

　　到底住宅裡面那裡最適合掛鏡子呢？答案
是飯廳。鏡子本身雖然不能像光線、活物、聲
響一樣製造陽氣，卻能藉反射的作用，使氣場
加倍活躍。

　　不過飯廳裡的鏡子，最好不要對著窗戶。

　　面對窗戶的鏡子有時候會招來一些意想不
到的麻煩。譬如說，窗外有煞（請參看上冊‘
房屋外面的煞氣’），這個煞氣就很有可能因
為鏡子的反射而登堂入室，引來災禍。

　　又譬如說，如果窗外有水，無論是人造的
水池、噴泉，或者天然的湖水、溪流，反映到
鏡子裡，有可能讓家裡的人惹上緋聞，或者發
生不倫之戀，造成感情上的困擾。

飯廳裡的陳列櫃

現代人流行在飯廳裡放陳列櫃（見左圖），展示雅緻的瓷器或裝飾品，以增添飯廳的美觀與趣味。如果各位也想這麼做的話，請注意下列的幾件事：

第一，避免選用開放式的櫃子。應該裝上玻璃拉門，以防隔板形成煞氣。

第二，如果飯廳面積不大，不要選用太大的陳列櫃。飯廳裡一定要留有充裕的空間，讓人與氣都能有充裕順暢的活動空間。

第三，如果陳列櫃裡面以鏡子為壁，擺的方向應該避免面朝向窗戶，以免發生上述鏡子面窗所可能引起的災厄。

其他的注意事項

想充份利用飯廳的氣場來充實家庭財庫，除了以上談過的，有關風水上的設計與改進之外，還有一些‘人為’所應該注意的事：

§ 多在家中用餐，以人氣來助長陽氣。

前面提到種種在飯廳中增長陽氣的方法。其實最有加強陽氣效果的，還是要靠人氣。經常在家中用餐，增加飯廳中人氣激盪的次數，比種植盆栽、養熱帶魚都要有效。

家裡如果有正式宴客的飯廳，更需要常常請朋友到家中小聚。良友相聚時的歡樂氣氛，可以說是花錢也買不到的‘風水吉祥物’。

§ 進餐時候保持愉快的心情

最好養成一個好習慣：一進飯廳，就把所有的煩惱暫時擱置到一邊去，以歡悅的心情來享受食物。

好心情能把飯廳變成家中的聚寶盆，一家人自然越來越稱心如意；爭執、鬱卒、憤怒等等的壞心情，會腐蝕財庫，使家運一天一天的走下坡路。

為了讓飯廳的風水好，絕對不要在吃飯的時候教訓孩子，也不要試圖在餐桌上解決夫妻間的糾紛，或者發洩自己的憤懣不快。進餐時保持平和的心情，談些愉快的話題，才能夠期待‘明天會更好’。

§ 注意飯廳的清潔

髒亂會形成‘穢氣煞’。假如把髒盤子、髒碗，吐出來的魚刺、肉渣、碎骨頭，留在飯桌上不管的話，所產生的穢氣煞，會嚴重削減飯廳帶動家運的力量。

吃飯難免會有飯粒菜屑掉在地上，所以也要注意地上的清潔。地毯要常吸，地板要常拖常洗，是維持飯廳好風水的基本要求。

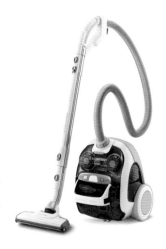

餐桌風水面面觀

飯廳裡最重要的家具是餐桌。餐桌選購得是否恰當,直接影響到家庭的財庫是否充盈,所以值得大家在上面多花一點心思。

餐桌的形狀

中國傳統的餐桌是圓桌,象徵圓滿豐盈;一家人團團圍坐,充滿了向心力。就風水的觀點看,這種形狀確實最有利。橢圓形的餐桌也不錯,能幫助家人融洽相處,合作無間。

西方多採用方形的餐桌。方形一定有四個角;在選購的時候,以四角呈圓弧的為佳。如果呈尖角,會製造出煞氣。

還有些餐桌能改變形狀。平常是方形,需要的時候可以把兩邊拉出變成橢圓形,或者四邊翻上來變成圓形。這類餐桌當然有它的便利性,但是四角必然是尖銳的直角,並不適合放在家中使用。

假如家裡用的是方形餐桌,不可以讓家人長期坐在桌角的位置;就算桌角是圓弧,也最

下圖這樣四角有弧度的餐桌,有助於家人相處融洽,對於大家的健康也有幫助。

好能避免這種坐法，免得對掛角而坐的人造成傷害。倘若位置不夠，譬如說：正方的桌子有五個人要坐，就不妨讓其中的兩個人擠坐在同一邊上。

為了避免煞氣，不但餐桌的桌面不宜尖銳，就是桌腳、椅子的邊緣也最好呈弧形。

餐桌的質料

為了增強飯廳裡氣場的動能，餐桌的質料最好能根據飯廳的位置來決定。

假如飯廳靠近家中的東方、東南方，或者南方，可以選用木製，或者籐製的桌椅。如果經濟上負擔得起，傳統式的紅木桌椅是很好的選擇。

假如飯廳的位置在住宅的中宮，或者西方、西北方、北方、西南方，都不妨選用樣式比較時新的桌椅。材料方面，強化玻璃、大理石、塑膠鋼等都很不錯。不過選用這一類的家具，飯廳一定也要非常敞亮才行。

餐桌的大小

餐桌的大小決定於兩件事：

§ 飯廳的大小

車體很大，引擎卻很小的汽車，無論多麼努力加油，都跑不快。同樣的，飯廳小，餐桌大，缺乏轉圜的空間，有可能造成氣的停滯，一樣無法帶動家運。

因此，如何在飯廳與餐桌大小的比例上取得平衡，是很重要的一件事。

§ 用餐的人數

餐桌大，用餐的人少，偌大的桌面上只有冷冷清清的幾個碗盤，顯然對聚氣沒有什麼幫助。

相反的，如果餐桌小，用餐的人多，雖然有些擁擠不便，但是桌上堆滿了菜肴，一家人吃得熱熱鬧鬧，家運的興旺也會指日可待。

從這個角度來看，如果在決定桌子的大小上沒有把握的話，寧可略小一點。

假如家裡有正式宴客用的飯廳，而家人日常用餐都是在廚房裡的早餐桌上，最好經常請朋友到家裡來聚餐，一方面聯絡感情，一方面也有助於帶動家運。如果飯廳一年也用不上幾次，無法發生旺財的作用。

餐桌與天花板

和睡床的忌諱一樣，放置餐桌的時候，首先要抬頭看看天花板，千萬不要把餐桌放在樑的下面。橫過睡床的樑雖然是大煞，但是只對睡床的主人不利；如果橫過餐桌的話，對全家人都會造成傷害，破壞力相當可怕。

和睡床不一樣的是，床的上方不宜有吊燈，餐桌的上方卻必需要有吊燈。白天，餐桌上的氣可以藉陽光來帶動，晚上就需要燈光了。

餐桌上的吊燈，可以華麗，甚至可以花俏，但是大小一定要能與餐桌相配。桌子大燈小，恐怕亮度不夠；要是桌子太小燈太大，就有形成‘壓煞’的可能。

上圖飯廳的天花板有橫樑外露，是風水上的缺點。不過吊燈很好，大小相當，同時繁複的程度很能配合質地沉重的桌椅。

餐桌上也有凶方與吉方

為家人安排在飯桌上的位置時，如果能把風水上的吉凶也考慮進去，可以讓家裡的每個人在為身體增添‘燃料’的時候，在運氣上也得到‘進補’的機會。

每個人都有一個命卦（見上冊‘磁向數與命卦’），和依據這個命卦而來的四吉方與四凶方（見上冊‘四吉四凶方的效應’）。大家在選擇大門、爐灶、臥床這幾個重要位置的時候，所根據的就是這樣來的吉凶方。

因為餐桌也有自己的太極，所以四吉四凶方在餐桌上一樣能用得著。

§ 坐吉向吉是選擇的標準

選擇飯桌上的座位，也像選擇爐灶一樣，要分成‘坐’（座椅的位置）和‘向’（面孔的朝向）兩部份來考慮。

不同的是，爐灶需要‘坐凶向吉’，飯桌上的位置卻以‘坐吉向吉’為最得利；也就是說：坐在吉的位置上，同時面朝吉的方向。這樣可以得到‘目前心情愉快，將來發展順利’的結果。

其次則是‘坐凶向吉’和‘坐吉向凶’。

這兩種坐法有什麼不同？一般來說，‘坐’代表的是近期的發展，‘向’顯示的是將來的趨勢。究竟該取近還是取遠？每個人恐怕要依本身的特殊需求，而作不同的考量！

（關於兩者間的不同，請參考本書上冊的‘坐吉坐凶與向吉向凶’中論坐吉坐凶與向吉向凶的不同的一段文字。）

最差的，當然是‘坐凶向凶’啦！

§ 圓桌處理起來最容易

如果用的是圓桌，先找出桌子的中心點，按照東、西、南、北、東南、東北、西南、西北，把桌面像切蛋糕一樣的切成八份，然後按照各人的命卦找出適合的位置來。（如何找出自己的命卦？請參考‘磁向數與命卦’）

一般來說，東四命喜歡坐南向北，或者坐北向南，最怕坐西南朝東北，或者坐東北朝西南。西四命的人恰恰相反，最怕南北向，最喜歡西南，東北向。所以西四命最好與西四命的人在西南，東北兩個方向對坐；東四命則最好與東四命的人南北向相對而坐。

在圓桌上安排家人的吉位吉向最容易。也許正因為這個緣故，所以中國的傳統飯桌才會是圓桌吧。

§ 方桌和長桌

假如用的是方桌，桌上就只有四個方位，可以參考家人的命卦來決定擺法。

如果東四命的人多，可以把桌子擺成朝向東、南、西、北四個正方：讓東四命的人南北坐，可以得吉；西四命的人東西坐，也不至坐凶朝凶。

如果西四命的人多，可以把桌子擺成朝向東南、東北、西南、西北四個偏方：讓西四命的人坐東北或西南，可以得吉；東四命的人坐西北或東南，也不至全然為凶。

如果用的是長桌，除了兩頭之外，坐的方位與向的方位很可能並不相對，需要分‘坐’與‘向’做兩次討論。

總之，要以‘坐吉向吉’為佳，盡可能避免‘坐凶向凶’才好。

第五篇 廚房風水

壓凶制煞靠廚房

本書談到大門、客廳、臥室、飯廳風水的時候，曾一再強調：最好能把它們都安置在宅主命中的吉方。

根據八宅法，每個人命中都有四個吉方和四個凶方，如果什麼都要安置在四吉方上，難道四凶方就讓它空在那裡不成？

這倒不必擔心，因為像廚房、廁所、儲藏室這些地方，就必須要安排在凶方，才能對屋主有利。如果把它們也硬擠進吉方，可就要使家中的風水大打折扣啦！

有些人認為現代的廚房不像以前那樣堆滿柴火，烏煙瘴氣，應該可以考慮改置在吉方。

不過炒菜時的油煙、烤箱散發出的熱氣、廚餘、垃圾，在在都有污染吉氣的可能；洗菜用的水槽，洗碗用的洗碗機，也大有可能洩掉吉氣，所以還是放在凶方才妥當。

理想的廚房位置

磁向數是 1、3、4、9 的人屬於東四命。對這些人來說，西、西北、西南、東北屬於比較不利的方位。磁向數是 2、6、7、8 的人屬於西四命。對這些人來說，東、東南、南和北屬於比較不利的方位。

想要確定自己及家人的磁向數，請參看本書上冊中的「磁向數與命卦」。

如果能把廚房安排在這些方位上，爐子與烤箱所產生的熱氣、微波爐所發出的電磁波、烹飪時冒出的水蒸氣等等，能夠燒燬凶方的惡氣；而水槽、洗碗機的出水口，還可以洩掉凶方的煞氣。廚房因此能在風水上壓凶制煞。

對誰都不合宜的方位

不過，房子裡有四個方位，不論宅主是東四命還是西四命，都不應該用來做廚房；即使屬於自己命卦的凶方，也要盡量避免才好：

§ 第一，房子的中宮。

住宅的中心地區是家運的發動樞紐。把廚房放在這裡，即使裝上再好的抽油煙機，也很難避免在烹煮煎炸的時候，不會把一家人的運氣攪得烏煙瘴氣。

同時因為廚房火氣旺的緣故，安排在住宅的中心，會形成嚴重的‘室內煞氣’，在風水上稱作‘烈火攻心’。

§ 第二，房子西北方的三十度。

從屋子的中心點往西北方畫一條線，從這條線往左斜十五度，往右斜十五度，這三十度之間不宜做廚房用。

這個位置的廚房，對於做為一家之主的男性非常不利，會影響他的健康，容易發生偏頭疼、高血壓、中風，或者其他的腦部疾病。家中如果有年紀比男主人還大

下圖的黃色部份，是住宅中不適合做為廚房的地方。

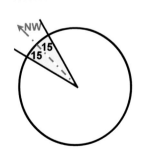

的男性，也會受到波及。

　　單身女性獨住，就不太需要顧慮健康上的問題；但是多少對自己的貴人運會有些影響，在職場上不容易遇到願意提拔自己的主管。

　　如果無法避開這個位置，至少要把爐灶移到上述的度數之外，才不致於招惹大麻煩。

以上兩個位置：房屋的中心，以及房屋的西北方位，是住宅中最不適合作為廚房的地方。

　　§ 第三，房子正北方的三十度。

　　從屋子的中心點往正北畫一條線，往左右各斜出十五度；這中間的三十度，也不宜做廚房用。

　　位於正北的廚房，會導致家人失和，夫妻反目，不容易有平順的家庭生活。

　　§ 第四，房子正南方的三十度。

　　和正北相反的正南三十度，同樣不能算好方位。這個位置的廚房，會使家裡的人脾氣急躁，人際關係欠佳。

正北、正南這兩個方位的廚房，問題比較小。只要把爐灶移到上述的度數之外，同時家裡的人要格外彼此親愛，就能避免災厄。

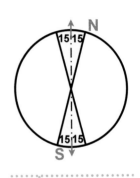

上圖的黃色部份，也是住宅中不適合做為廚房的地方。不過只要把爐灶移開，不至成大害。

廚房不宜在住宅的前半部

　　飯廳為家庭的聚寶盆；這個聚寶盆裡的寶

從何而來？造寶的場所，就是廚房。所以在風水家的眼中，廚房是一家人的'養命之源'。既然是家庭財祿的製造場，就應該隱蔽，所以必須安排在房屋的後半部。

古代的風水家認為，廚房的位置如果在房屋的前半部，或者靠近大門，容易露白漏氣，不但失財失祿，還可能養出敗家的兒孫。

事實上現在祖孫三代共居一室的人家已經不多（不住在家裡的人不受家中風水影響）；子承父業的情況更比以前大為減少。由於廚房風水不好而造成兒孫敗家的可能性，比起古時候來要小很多。不過為了避免對自己的運氣或者健康造成影響，還是讓廚房遠離大門的好。

偶而在戶外燒燒烤烤還無所謂，如果把廚房搬到房子外面，飯菜都在外面炒煮，恐怕會使主人難以聚財。

廚房搬到戶外，財源分散而難聚

為了節省空間、避免油氣，有人把爐灶搬到陽台上，也有人在院子裡另外搭出一間廚房來。這樣做等於把家中的財祿推到門外去，同時也容易使一家人為了謀生四處分散，難得相聚一堂。

尤其樓上的陽台，下面是架空的，拿來做廚房會使全家人財脈無根，財源無靠。像這樣的廚房，不要說聚財了，連想要不破財也難。

勿讓廚房招災惹禍

在風水上，廚房的影響面很大。被影響的人，包含了所有住在這棟房子裡的人；被影響的事，包含了財運、健康、彼此間能不能融洽相處，以及宅主夫妻的婚姻生活是不是和諧。它固然能夠壓凶制煞，也容易招災惹禍。

這一篇專門談最常見的，因為廚房而引起的問題（不包含爐灶在內），以及化解的方法。

問題一：廚房的門與大門相對

如果廚房的門與大門相對沖（大門直對著廚房的門），可以說是風水上的大敗筆。

就算房屋外面合於‘前朱雀、後玄武、左青龍、右白虎’的四靈說（請參看‘選擇理想的住家地形’），造型合乎宅主命卦的需求（請參看‘房屋的造型與風水’），大門也正好對著自己的吉向（請參看‘替自己選吉利的門向’），但是大門一開，廚房裡的油煙穢氣馬上就給進門的吉氣當頭一棒，花在風水上的心血恐怕全都要付諸東流。

§ 化解方法：

廚房門正對大門，家運受到的影響程度和兩扇門之間的距離成反比。

要是廚房在房子的中段或後段，與大門有相當距離，可以利用屏風或大型家具橫隔在兩門中間，讓從大門進來的外氣不致直接進出廚房，受到的沖擊自然減少。

要是廚房位在房子的前半，與大門靠得很近，那麼不管怎麼間隔，進門的吉氣都難免會受到汙染。這時候只有改變廚房的門才能解決問題，其他的方法都只是自我安慰罷了！

問題二：廚房門與臥室門相對

廚房的財氣只是財的原料。要是任由它從大門或後門散散去，就再也沒有轉化成實財的機會，所以讓人覺得可惜。

那麼，如果廚房的門和臥室的門相對，有沒有可能讓這種財氣散進臥室，使臥室的主人因此致富呢？答案是：沒有可能。

羊毛不能拿來當衣服穿，泥巴不能拿來當碗用；同樣的，廚房裡這些還停留在原料階段的財氣，對人沒有直接幫助。反倒是趁機一同進入臥室的油煙火氣，會影響臥室主人的身心健康，成為風水上的問題。

§ 化解方法：

如果能夠改門，當然是上策。不能改門的話，就要保持其中的一扇門常關著。關臥室的門好還是關廚房的門好？完全看家裡人的使用方便而定。

如果廚房和臥室離得很遠，也可以在兩道門之間用大型家具隔開。倘若家具不夠高，還要在臥室的門上裝門簾。

問題三：廚房與廁所浴室相對或相鄰

廁所和廚房相對或緊鄰，在心理上就已經教人感覺倒胃口，在風水上更是不恰當。

廚房的目的是滿足人的口腹之欲，廁所卻是為了排泄穢氣穢物而存在；如果兩者距離太近，恐怕穢氣會與食物之氣相夾雜。

假如對著浴室也不好。廚房烹飪，倚仗的是火；浴室清潔，使用的是水。水火相對，彼此不能相容，會影響家庭生活的安寧。

§ 化解方法：

假如這種情況，要訓練家人養成隨手關門的習慣，隨時把廁所和浴室的門關起來。不過浴室裡水氣大，容易長黴菌，需要注意通風問題，不能只顧關門就算完事。

有人在廁所門外掛上鏡子，希望能藉此阻隔廚房與廁所的氣，使不至於相通。這樣做其實不妥。倘若廚房在煞位（原則上，廚房應該要安排在煞位），鏡子的反射作用能使煞氣加倍，可以說有害無益。

尤其需要注意的是：萬一這面鏡子居然能照到爐灶，會引發更大的災禍。

這裡所談的前三個問題，都與廚房的門有關。目前流行的開放式的房屋設計，廚房根本就沒有門，是不是就免除了這些問題呢？恐怕不然。如果有門，關上門就能解決大部分的問題；沒有門，很多問題想要解決就門都沒有了。從風水的觀點來看，傳統式有門的廚房，要比開放式的房屋好很多。

問題四：廚房裡的鏡子

剛剛提到，廚房如果在煞位的話，鏡子會使煞氣加倍。如果在吉位呢？鏡子會反射廚房裡的熱氣油煙，壓住吉位的喜慶之氣，一樣會有壞影響。

鏡子如果照得見爐台，更加不利。無論用的是電爐、瓦斯爐或者任何其他的燃料，都會散發出光與熱。鏡子反射爐子的光熱，使所造成的氣動力量加倍，以致宅第中的陰陽失衡，造成不幸。

正因為這個原因，不但廚房裡不適合掛鏡子，房子裡如果有任何鏡子可以照得到爐台，都應該移走。飯廳裡放鏡子雖然有增強風水的功能，但是這面鏡子倘若照見爐台的話，就變得害多利少，倒還不如不掛的好。

§ 化解方法：

檢查家中所有的鏡子，無論在任何角度可以由鏡子中看得到爐台，都要移走。好在鏡子搬動容易，應該不是大問題。

不可輕忽的幾件小事：

另外還有一些小事，如果不加注意，也能對廚房風水發生壞的影響：

§ 刀叉鏟杓不要散放在料理台上

尖銳的物器隨手亂放，不僅威脅到家人的

安全，還會造成煞氣。所以廚房裡尖銳鋒利的刀叉，用完就該收好，不要隨手放在檯面上。

§ 注意水龍頭有沒有漏水

水龍頭漏水是家庭漏財的表象，要盡快修好，絕對不能置之不理。每次用完水，都要把水龍頭關緊，不但節省水費，也保住了家中的財氣，不致隨意流失。

水龍頭壞了，不僅漏水，同時漏財。

§ 注意洗碗槽排水的暢通

廚房也關係到家中烹飪者的健康。如果洗碗槽堵塞不通，會引發家庭煮婦或者煮夫的健康問題。為了自身的保健，一旦發現排水口不通，應該馬上找人修理，千萬拖延不得！

§ 廚房裡的清潔工作非常重要

如果廚房在吉位，任何髒亂都會污染原有的吉氣。用過的碗盤盡快清洗，垃圾每天都要封口丟棄。只有盡量保持清潔，才能減少由於廚房佔用吉方所造成的不利影響。

就算廚房在凶位，倘若髒亂到形成穢氣，將助長這個地方的凶氣。腐壞發臭的垃圾、爐台上面的油垢，都會成為凶源。

廚房的重點在爐灶。這一章談廚房風水的忌諱，並沒有包括爐灶在內。關於安置爐灶的宜忌，請看下一章'安置爐灶有五忌'。

安置爐灶有五忌

爐灶是廚房裡的主角

　　廚房裡的爐灶，與客廳裡的沙發、臥室裡的床、書房裡的書桌一樣，都屬於住宅風水中區域性的主角；該安排在什麼位置上，非常重要，值得專文討論。

　　按照慣例，先談避凶，再求趨吉，所以這裡先討論安置爐灶的忌諱。在風水上，安排爐台的位置有五忌，不可不知。

開門見灶，錢財多耗

站在大門就能看得到爐灶，是廚房風水的第一大忌。倘若不能改變廚房門，至少要想辦法擋住氣的流通。

　　第一忌，一進大門就看到爐台。

　　上一章談到，廚房門不能與大門相對沖。假如廚房門不但與大門連成一線，而且爐灶也在這條線上，對門而立，使爐台直接受到外氣的衝擊，更是大不吉利。

　　其實只要一進大門能看得到爐灶，無論正對或斜向，都是風水上所謂的‘開門見灶’，會造成家運上的種種問題。

　　會發生那些不吉的事？除了必然的錢財耗損之外，還要防家人發生嚴重的意外，甚至有血光之災。

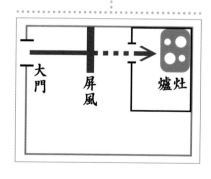

大門　屏風　爐灶

廚房自古被看作是主婦的地盤，如果犯了風水上的忌諱，承受傷害的多半是家中的女主人。但是‘開門見灶’這件事禍害太大，會使全家都受影響，不僅是女主人而已。

　　怎麼化解？上策是移動廚房的門，使得大門和爐灶之間不再能直通。中策是在大門、廚房門，以及爐灶之間所連成的直線上放置屏風或大型家具，隔斷這條通路。

　　如果這一點也做不到，就只好成天關著廚房的門了。不過廚房在鼓動住宅的氣流中有它的特殊貢獻；假如一天到晚都關起來，會造成家宅的‘血脈不通’，屬於下策。

　　倘若爐灶雖然與廚房門直線相對，但是與大門無關，所能造成的災禍要小很多。最壞的影響是家人的消化系統容易發生病痛：得到腸炎、十二指腸潰瘍、胃潰瘍的機率很大。

爐台無靠，妻財子祿難得到

　　第二忌，爐灶四面無靠。

　　爐灶在風水中的作用很大。唐朝風水大師楊救貧曾經利用改灶的方式，救過無數的窮人與病患；風水古籍“八宅明鏡”中，更以遷移灶座的方式來求財祿、求姻緣、求子息。爐灶既然如此重要，如果讓它無靠的話，豈不是妻財子祿都失去了依憑？

　　傳統式的廚房，爐台不靠牆的很少，會發

生‘無靠’的情況不多見。不過近年來流行的島型爐台（island kitchen），把爐子安排在廚房中間，四周硬是沒有依靠。

不僅如此，因為爐灶在廚房中心的緣故，還造成‘烈火攻心’的廚房格局，嚴重影響家人的健康。

如果各位正在買房子，奉勸您抱著寧可信其有的心，避開這種爐台設計。

上圖的這個爐灶，位置在廚房的中心，四邊不靠，而且正好和水槽相對，在風水上來說，真是非常不利。

灶向背房，吃盡陳糧賣兒郎

第三忌，爐灶背宅反向。

以前的爐灶燒柴火，為了方便添柴草，所以有很大的灶口。灶口所對的方向，就是爐灶的方向。這個方向，不能和住宅本身的坐向相反；否則的話，爐灶所進的氣與大門所進的氣背道而馳，互相牴觸，對家運相當不利。

現在的廚房裡有爐無灶，已經沒有灶口，所以要以爐灶靠牆的一邊為‘坐’，向外的一邊（也就是燒菜的人背對的那一面）為向。換句話說，如果房屋朝南，人在煮菜的時候也面對南方，就是灶向背房。

這裡面同時還牽涉到房向的問題。決定房屋的坐向不是一件單純的工作，除了房屋本身的建築之外，外在環境中河川的流向，山丘的走勢，甚至附近的道路，高大的建築，對決定住宅的坐向都會發生影響，不是一般人能夠推算。

好在大門朝向與房向相同的住宅到底居多數。各位不妨以大門的門向為準，只要爐子的朝向不與大門反背，會發生爐灶背房的可能性就大為減少。

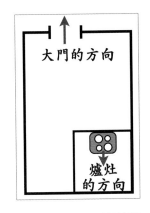

灶上壓樑，無米下鍋心徬徨

第四忌，橫樑壓在爐台之上。

天花板上外露的樑，是室內煞氣主要來源之一。凡是家人經常坐臥的地方，像睡床、書桌、坐椅、沙發等，都要避免被樑所壓。另外還有兩個最怕有樑木壓頂的地方，就是飯桌和爐台。

爐台被壓和飯桌被壓，在風水上導致的壞影響非常近似（關於飯桌被橫樑所壓，請參看第83頁'飯廳是家庭聚寶盆'），都是在財富和健康方面造成傷害。不同的是，飯桌受壓，全家人都會受到影響；但是爐台被壓（見右圖），破壞力卻大部分集中在家中煮飯燒菜的人身上。

不過千萬不要因此就小看了橫樑壓灶的影響力。如果主持中饋的是家中女主人，在身心受傷的情況之下，當然無法妥善照顧家人；即使是傭傭關係，這個人要是健康有問題，也會難以滿足全家人在營養上的需求。

在錢財方面，假如煮飯燒菜的人有無米下鍋的窘況，全家人都勢必要‘心徬徨’了啊！

爐台對水，夫妻恩愛東逝水

第五忌，水火相沖剋。

廚房是家中最容易發生水火相沖的地方。

爐台屬火（無論用瓦斯或者用電都一樣）；烤箱、微波爐、煮飯的電鍋，任何能製造熱能的，也都屬火。廚房裡的水龍頭屬水；冰箱因為製造的是冷氣，也屬水。如果廚房中有比較大的蓄水的容器，當然也屬水。

水火不能相容。在安排廚房中這些有特殊屬性的器具時，有必要花一些特別的心思。

§ 水火相射

爐台火性最重，所以要極力避免把水槽、洗碗機、飲水器等屬水的器物放置在爐台對面，以免犯了‘水火相射’的忌諱，造成夫妻失

下圖的爐灶與洗碗槽正面相對，形成風水上典型的水火相射。

和，因為口角爭執引起飛來橫禍。

幸好水火相對的問題不難化解，可以用五行中的‘木’在中間調和通關。

木的代表色是綠色，所以不妨在煮飯燒菜的時候穿綠色的圍裙；洗碗的時候戴綠色的手套。如果能在爐台與水槽之間鋪綠色的地磚或者放一塊綠色的小地毯，對於減緩水火之間的互斥力也極有幫助。

下圖的水槽與爐灶，距離很近。最好能在中間那塊地方放一點綠色器物，作為協調水火之用。

§ 水火相鄰

爐台與水槽之間，最好能有調理台隔間，和冰箱也不能靠得太近。

水火相鄰，雖然不像水火相對那樣引起明爭，卻很可能造成暗鬥。家裡的人勾心鬥角，當然不是好現象；夫妻之間冷戰連連，時間長了，會讓婚姻關係出現無法彌補的裂痕。

§ 兩水夾火或者兩火夾水

如果廚房中有兩水夾一火（譬如爐台夾在水槽和冰箱之間）或者兩火夾一水（譬如水槽夾在微波爐和爐台的中間）的情況，已婚者要防夫妻感情為了第三者的出現而起變化，戀愛中的人要防有人橫刀奪愛。

知道如何避免觸犯爐灶的忌諱之後，下一章就讓我們談談如何藉爐灶的位置招來吉氣。

爐灶招吉法

　　住家風水有三個要項：大門、爐灶、床。其中大門關乎進氣，是動態，屬陽；睡床注重休憩，屬靜態，屬陰。爐灶則介於動靜之間，是大門的陽與睡床的陰中間的平衡點，影響最廣泛，收效也最快，值得特別重視。

在廚房中找出爐灶的位置

　　想藉住宅中的爐灶得吉氣，需要從兩方面著手：一個是爐灶的位置，要能‘壓在主人的凶位’；另一個是爐灶的方向，要能‘面向主人的吉方’（爐灶的‘面向’，就是人在爐台前烹飪時，背所朝的方向。請看115頁的圖）。

　　‘壓凶制煞靠廚房’裡談到，廚房的位置應該壓在主人的凶位上；這裡談爐灶的位置，也需要壓在主人的凶位上。不過兩者之間有差別：安排廚房位置的時候，是在整個住宅裡找凶位；安排爐灶位置的時候，卻只是在廚房裡找凶位。同時爐灶還需要顧到面向主人的‘吉方’，比廚房多出一道手續。

　　分辨廚房裡面吉凶位置的方法，和分辨住宅裡吉凶位置的步驟完全一樣，只是不必管整個房屋，只要看廚房就行了。

　　第一步，先找出廚房的中心點，第二步，把廚房像切蛋糕一樣的分成八塊，區分出東、西、南、北、東南、西南、東北、西北八個方位。最後，根據自己的磁向數（請參看本書上冊'磁向數與命卦'），找出放置爐台的適當位置和方向（請參看上冊'吉凶方位的利用'一文中有關爐灶的位置一段）。

在選擇大門的方向、廚房的位置、爐灶的位置這三件事時，全都應該以同一個人的命卦為準。

爐灶的位置，以當家者的命卦為準

因為廚房爐灶多為女性掌理，所以已婚夫妻如果命卦不同的話，一般人都以為應該以妻子的命卦為準。但是據作者多年鑑定風水的經驗來看，還是要以家中真正有權'當家作主'的那一位為基準。

如果一個家庭由丈夫領軍，丈夫的財祿就是一家人的財祿；在這種情形下，根據妻子的命卦來決定爐灶的位置和方向實在不合理。同樣的，一個家庭如果由妻子來支撐，也沒有道理一定要用丈夫的命卦做為安置爐灶的指標。

所以爐灶的坐向，要依個別的家庭情況而定。爐灶既是一家人的養命之源，就要以家中主要負責賺錢的人的命卦來做決定。

爐灶坐西北的注意事項：爐灶如果坐西北方，不可以放在正西北的十五度內。從廚房中心點往西北方畫一條線，左邊的七度半加右邊的七度半，就是正西北方的十五度。（見上圖）

坎命人（磁向數為 1）的爐灶方位

坎命人放置爐灶的兩個最佳方位：一是坐西北（六煞位）朝東南（生氣方）。這是'生氣灶'，有助於求子求財，而且能激發家運，使日趨興旺。（使用這個灶，請看右邊說明）

另一個是坐西（禍害位）朝東（天醫方）的'天醫灶'，對健康特別有幫助。以這種位向來安灶，家人不容易生病；就算生病了也容易痊癒。

坤命人（磁向數為 2）的爐灶方位

坤命人放置爐灶的兩個最佳方位：一個是坐東（禍害位）朝西（天醫方）。這是'天醫灶'，能祛病消災；即使生病，也容易找到好醫生。

另一個是坐東南（五鬼位）朝西北（延年方）。這是'延年灶'，有助於婚姻：對未婚的人能生'催婚'的作用；對已婚的人能使夫妻感情融洽，杜絕第三者插足。

震命人（磁向數為 3）的爐灶方位

震命人放置爐灶的兩個最佳方位：一個是坐西（絕命位）朝東（伏位方）。這是'伏位灶'。因為壓住家中最壞的地方（絕命位），可望事事順心如意，是非常理想的灶位。

偏若使用坐西北方的爐灶，請務必參看第119頁的注意事項。

另一個是坐西北（五鬼位）朝東南（延年方）。這樣的放置方法，是'延年灶'，大利婚姻，而且在職場還多得貴人扶持。

但是震命的女性如果這樣放置爐台，遇到五行屬'金'的年月不利感情。（請查看農民曆，凡是天干庚、辛，或者地支申、酉、戌的年與月，就帶有金。像2005乙酉年，地支酉帶金；2010庚寅年，天干庚屬金。）

巽命人（磁向數為 4）的爐灶方位

巽命人放置爐灶的兩個最佳方位：一個是坐西（六煞位）朝東（延年方）的‘延年灶’，有助於婚姻。對未婚的人能發生‘催婚’的作用，使喜事快快到來；對已婚的人能使夫妻感情融洽。如果命中有爛桃花，這個坐向的灶還能抑制不倫的情感發生。

另外一個是坐西北（禍害位）朝東南（伏位方）。這是‘伏位灶’，能使諸事順心，生活愜意安適。

偉若使用坐西北方的爐灶，請務必參看第119頁的注意事項。

乾命人（磁向數為 6）的爐灶方位

乾命人放置爐灶的兩個最佳方位：一個是坐東（五鬼位）朝西（生氣方）。這是‘生氣灶’，有助於求子求財；同時還能激發家運，欣欣向榮。

另外一個是坐東南（禍害位）朝西北（伏位方）。這是‘伏位灶’，能夠諸事順心。不過這個方位只利未婚的男性；對女性來說，就未必能有事事如意的好處了。

兌命人（磁向數為 7）的爐灶方位

兌命人最好的兩個放置爐灶的方位：一是坐東（絕命位）朝西（伏位方）。這是‘伏位灶’。因為把家中最壞的地方（絕命位）壓住了，是非常理想的灶位。

另一個是坐東南（六煞位）朝西北（生氣

方）。這是‘生氣灶’，有助於求子求財，同時也能激發家運，使日趨興旺。

艮命人（磁向數為 8）的爐灶方位

艮命人放置爐灶的兩個最佳方位：一是坐東南（絕命位）朝西北（天醫方）。這是‘天醫灶’。因為把家中最壞的地方（絕命位）壓住了，可望在財運和健康兩方面順心如意，是非常理想的灶位。

另一個是坐東（六煞位）朝西（延年方）。這是‘延年灶’，有助於婚姻和愛情：能為未婚的人催婚，早日遇到兩情相悅的另一半；對已婚的人來說，可以杜絕外來的干擾，讓婚姻生活得以平穩幸福。

離命人（磁向數為 9）的爐灶方位

離命人最好的兩個放置爐灶的方位：一是坐西（五鬼位）朝東（生氣方）。這是‘生氣灶’，不但能激發家運，同時求子求財，如願的希望都很大。

一是坐西北（絕命位）朝東南（天醫方）。這是‘天醫灶’。對女性來說，因為把家中最壞的地方（絕命位）壓住了，可望在財運和健康兩方面順心如意，是非常理想的灶位。

倘若使用坐西北方的爐灶，請務必參看第119頁的注意事項。

面向東南方對離卦的男人未必有利；尤其未婚男性，要避免這個坐向，以免健康受損，還可能陷入人財兩失的壞運之中。

要注意位置和朝向不一定相對

用以上的方法來安置爐台，是非常‘理想化’的一個做法。但是現實情形卻往往和理想會有差距，因為爐台的‘坐’和‘向’，未必正好相對。譬如說，同是壓在東南方的爐台，卻未必一定都會面向西北方。

這個情形，在狹長的廚房裡尤其明顯。

各位在放置爐台的時候，不妨先在廚房中找出四凶位，把爐台放上去之後，再看看能不能朝向四吉方。總要‘坐凶’與‘向吉’，兩方面都能顧到才好（請參考本書上冊的‘坐吉坐凶與向吉向凶’。）

壓吉朝凶會產生的問題

安置爐灶的基本原則是要坐凶向吉。萬一不能如願，不得不坐吉（壓制住吉位），或者向凶（面朝著凶位），會發生什麼樣的不良影響？以下做一個大概說明，讓讀者在萬一不能找到最理想的位置時，知道該如何決定取捨。

§ 壓住吉位

爐灶壓生氣位 —— 不利事業與子息。自己當老闆的人、想要生育子女的夫妻，一定不能讓爐灶壓住這個方位。

爐灶壓天醫位 —— 對健康有不良影響。體弱多病，或者是上了年紀的人，最為忌諱。

爐灶壓延年位 —— 對愛情、婚姻有不良影響。未婚的人可能會延誤婚期，已婚的人可能動搖婚姻基礎，發生婚變。

爐灶壓伏命位 —— 進財不順；同時也會使人情緒低落，鬱鬱寡歡。這是自己的本命方，凡是抗壓力低，或者性情內向的人，都應該極力避免。

§面向凶方

爐灶向絕命方 —— 容易發生嚴重意外。家中如有久病或懷孕的人，絕對不宜。

爐灶向五鬼方 —— 身體容易受傷害，同時多口舌是非。有官司纏身的人，絕對不宜。

爐灶向六煞方 —— 容易發生盜竊或破財之事。家中不宜放貴重物品。

爐灶向禍害方 —— 容易使人懶散消沉。對年輕人尤其不適合。

這裡所談到的吉凶方位，請參看本書上冊中的下列三章：
磁向數與命卦、四吉四凶方的效應、坐吉坐凶與向吉向凶。

廚房與爐灶位置再好，不用無益

廚房和爐灶，與飯廳和餐桌，書房和書桌的情況一樣，即使佈置得百分之百合於風水上的要求，如果沒有人使用的話，還是得不到實際上的好處。

假如每天在外吃飯，家中灶冷鍋寒，廚房難得有油煙熱氣與菜飯香味，再好的風水佈置也是形同虛設，縱有若無，發生不了作用。

小灶改運法

什麼情況需要‘小灶’？

一命二運三風水，風水雖然不能改命，但是能夠催發好運，抑制壞運(請參考本書上冊中的‘風水的能與不能’以及‘風水vs行運’)。

想藉調整風水催運改運，“八宅明鏡”上提出來三種方法：一是興建合於自己需要的新住宅，一是配合風水的需要整修舊的住宅，一是把爐灶遷移到適合自己命卦需要的地方。而三者之中，‘灶驗尤速’；換句話說，遷移爐灶的方法，收效最快。

古時候的灶，用磚土石塊砌成，無論修改或者重造，都不是太難的事。但是現代的爐台受到電路或者瓦斯管的限制，移動起來往往大費周章，就只能利用‘小灶’的方式來改運。

因此，萬一現有的爐灶不合於風水需求，不妨另外弄個活動性的小爐子，在上面燉湯炒菜，煮茶燒水，可以改變廚房風水。這與利用玄關來改變大門風水是一樣的道理。

另外還有一個情況也需要小灶改運。

家中的爐灶只能根據家主一個人的命卦安置。家裡命卦不同的人，如果在某個時期有特殊需要，也不妨配合自己的命卦，設一個自己專用的小灶，在這個小灶上煮食，一直到這種特殊的需要獲得滿足為止。

那些人可以利用‘小灶’？

有下列情況的人，如果發現家中爐台的坐向與自己不合，可以用個小爐子（電爐、瓦斯爐都可以）給自己煮食，藉此得到風水氣場的幫助。

§ 希望能趕快懷孕；或者已經懷孕，希望生產順利的婦女。

假如夫妻的命卦東西不同，希望早生貴子的話，很可能妻子就需要利用小灶。

妻子這時候應該選用‘生氣灶’，讓爐子朝向自己的生氣方。至於放置的位置，則以絕命位為最佳選擇，其他的凶位次之。

“八宅明鏡”上說，久婚不孕的人也可以用‘伏位灶’來催子。不過需要在‘天乙貴人’飛到伏位的那一年才能應驗，並不是隨時可以有效。

§ 久病不癒，或者病況嚴重的人。

利用小灶做‘天醫灶’，讓爐子朝向自己的天醫方，對健康最有幫助。至於放的位置，則以絕命位為最佳選擇，其他的凶位次之。

磁向數為9的離命男性，每年陰曆一、二月，最好能把小灶朝向南方的伏位方，等到三月之後再換成天醫方。

§ 期待感情速成，或者想要挽救婚姻危機的人。

利用小灶做'延年灶'，讓爐子朝向自己的延年方，對感情收效最速。至於擺的位置，則以五鬼位為最佳選擇，其他的凶位次之。

磁向數為1的坎命男性，每年在陰曆的十、十一兩個月，宜朝向北方伏位，等到十二月之後再換成延年方。

至於磁向數為2的坤命女性，每年陰曆的七、八兩個月，最好能把小灶朝向西南的伏位方，等到九月之後再換成延年方。

§ 有訴訟纏身的人。

如果只是錢財官司，或者其他的小事，應該以爐灶壓住自己的六煞方或禍害方；至於朝向，則生氣方、天醫方或延年方都很好。

如果事關重大，譬如說牽涉到身家性命，就應該利用小灶壓住自己的五鬼方，或者絕命方；朝向則以天醫、延年這兩個方向最好。

§ 正在艱苦創業，或者錢財周轉困難，急需度過經濟危機的人。

讓小灶朝向自己的生氣方，對創業的人最有幫助，可以提升自己的奮鬥精神。同時也有利於催發眼下的財運。

不過磁向數為2的坤命人，磁向數為8的艮命人，無論男女，都最好能以'延年灶'取代'生氣灶'，以免財還沒有到手，先碰到意外的災禍。

§ 正在期待某一筆進帳的人。

這筆錢如果預期會在農曆正月、二月、五月、六月、九月或者十月發生，'生氣灶'最好不過。

如果預期會在農曆三月、七月、十一月發生，小灶要對天醫方。

如果預期會在四月、八月、十二月發生，小灶要對延年方。

電鍋、電水壺可以視同小灶

現代人多用電鍋煮飯，用電子熱水壺煮飲用水，用烤麵包機烤麵包。這些燒水煮飯烤麵包的工具，也有灶的效力。

由於體積小，移動起來非常方便，需要以小灶招吉的朋友，應該多加利用。

夫妻兩人如果一是東四命，一是西四命，不妨各用一個電鍋，或者各自有自己專用的電水壺，讓雙方都能得到吉氣。

這樣做只增加生活上的一點小麻煩，卻能在風水上收到很大的效益。

吃比煮重要

利用小灶來改運，最需要注意的一件事：想要改運的人一定要吃小灶上煮出來的食物，才能發生風水上的種種作用。至於誰在這個灶上做烹飪的工作，反倒無關緊要。

如果平常上班不能在家吃飯，可以拿小灶上煮出來的食物帶到辦公室當午餐，也一樣能有效果。

假如平常都在外面吃，連帶便當的機會都很少，可以在小灶上煮水，每天把煮出來的水隨身帶著喝。

下圖箭頭指著的這個熱飲器，座位和朝向都與旁邊的爐灶不同。對於命卦與爐灶位向不合的人來說，假如與熱飲器的位置相合，可以把它當作小灶來用，專門喝這裡煮出來的熱水與飲料。

第六篇 書房風水

不同方位的工作室

現代人的教育水準越來越高，住宅中有書房的情況也越來越普遍。而隨著電腦族和蘇活族（SOHO）的人口大量增加，書房多半還兼有工作室的性質，重要性更因此大為提高。

基本上來說，書房要選在自己的吉位（要知道那些方位是自己的吉位，請參看本書上冊的‘磁向數與命卦’）。不過做為工作室用的書房，需要進一步依照工作的性質找適合的方位，並不是任何吉位都能發生同樣的效用。

工作室的方位有不同的選擇

§ 生氣方最宜創業

一般來說，生氣方因為生氣蓬勃的緣故，最能推動事業的發展。

尤其假如正在事業的初創期，把工作室放在生氣方，有助於很快的站穩腳步。

§ 天醫方穩打穩紮

假如工作的性質與醫藥或保健有關，天醫方當然是最好的選擇。

從事保險業、房地產業的人，把工作室放在天醫方，也有助於穩打穩紮，能夠在安定中求進步，也非常不錯。

各磁向數的生氣方

各磁向數的天醫方

§延年方用途最廣

文學、藝術家的工作室，最好安排在延年方；這裡的氣場不但有助於靈思，同時也容易成名。

事實上，只要與藝術沾得上邊的工作，譬如說美工設計、網路設計、服裝設計、室內設計，都以這個方位為最佳。

各磁向數的延年方

因為延年方多貴人的緣故，凡是倚重人際關係的工作，像市場調查、行銷、公關等等，也可以考慮把書房放在這裡。

對於需要大量使用電腦的工作，更以延年方為最佳選擇。

§伏位方適合陰性行業

如果工作的對象與婦女有關，像美容、化妝、女性服飾設計等等偏於陰柔的行業，把書房或工作室放在伏位其實相當不錯。

與數目字或錢財有關的行業，也適合在伏位工作。

各磁向數的伏位方

對磁向數是6的女性來說，本來在選用伏位的時候要特別慎重，但是如果從事上述的行業，一樣可以把書房放在伏位。

至於磁向數是8的男性，雖然從事上列工作，還是該把工作室放在延年方或天醫方，效果會比伏位方更好。

休閒與讀書用的書房

休閒用的書房

如果書房的目的在休閒，希望下班以後有個地方看看小説，閱讀一點消遣性的文章，或者看看網路上的新聞、玩玩電腦上的遊戲，應該盡可能選擇自己的伏位方。

（對磁向數是6的女性、是8的男性來說，選用伏位的顧慮本來比較多；但是如果拿來做休閒用途的書房，卻一點也不以為忌。）

這種用途的書房，只要每天待在裡面的時間不長（不超過兩個小時），即使位於四凶方裡的六煞方或者禍害方，也無所謂。

不過這兩個方位的氣場容易使人沉迷。如果發現自己或家人因為在裡面看閒書或者玩電腦遊戲，以致廢寢忘食，影響到正常生活，就應該考慮不能再拿這個房間做書房。

休閒用的書房，倘若佔用了自己的生氣、延年、或者天醫這些方位，在風水上來說，不但暴殄天物，浪費了大好吉方（用來做臥室、客廳、飯廳等等，能得到更多的好處），同時還未必能收到舒緩情緒的效果。

學生用的書房

假如書房的主人還是在校的學生，就比較

單純，只要選自己的吉方就行，不必在意到底是四吉方裡面的那一個。

不過父母替子女選書房，還可以藉書房的位置來調整孩子的個性：

對於性格柔弱內向的孩子，不妨選氣場蓬勃活躍的生氣方做書房，使孩子在身心兩方面都活潑起來。

對於秉性浮躁飛揚的孩子，最好選氣場沉穩安靜的伏位方，或者有益身心健康的天醫方做書房，讓孩子能靜下心來做功課。

以上談到吉凶方的時候，並不是以住宅主人的磁向數為準，而是以使用書房的人本身的磁向數為準。

位置不好的書房

萬一書房在住宅的凶方，可以利用書桌或工作桌的位置來作彌補。只要能在書房裡找到自己命卦的吉方來放置書桌，還是有機會得到吉氣。（請參考第140頁‘理想的書桌風水’）

倘若有兩位或更多的人共用書房，彼此的磁向數不同，書房的位置就不一定能同時滿足每個人的需要。要是這些人再分屬東、西四命的話，甲的吉方，正好是乙的凶方，更加難以兼顧。在放置書桌的時候，需要格外用心。

千萬不要讓家裡的任何一個人，在本命凶方的書房裡工作時，還坐在書房裡的本命凶方。

書房最怕門沖

無論選那一個方位做書房或工作室，都要避免門沖，才不致發生以下的種種問題。

書房的門與大門對沖

在與大門相沖的書房裡面讀書、工作，精神不容易集中。身體雖然在書房裡，心思卻往往神遊在外，很難專心做事。

§ 解決方法：

假如書房夠大，在進門的地方擺一個屏風或者高大的櫃子，讓大門進來的外氣不致直接衝入，可以把破壞力降到最低。假如不夠大，就只有保持書房的門常關了。

與臥室的門相沖

假如對沖的是自己的臥室，會發生公事與私事夾纏不清的情況。假如是別人的臥室，還要防書房的使用者會和臥室的主人有不愉快的瓜葛或爭執。

§ 解決方法：

遇到這個情形，兩扇門不要同時開。假如書房門是開的，對沖的臥室門就要關起來；如果臥室門開著，書房門就要關起來。無論書房裡面有沒有人在使用，都要這麼做。

在兩扇門上掛上門簾，也可以減輕傷害的程度。

與廚房、廁所、浴室或儲藏室的門相對

在這樣的書房裡讀書工作，會影響工作時候的思路和體力，難有好的成績表現。

對沖廁所，特別容易犯小人；對沖浴室，還需要防不正常的桃花。

§ 解決方法：

對沖的如果是廚房，處理的方法和臥室一樣，兩扇門之中要關上一扇。

如果是廁所、浴室、儲藏室，除了進出之外，這些門都該經常關閉；就算沒有人使用書房的時候也一樣。

安置書桌的四不可

安排書桌的位置時，先別管吉凶方；以下有四件必需要避免的事，應該優先列入考慮：

第一，書桌不可對門。

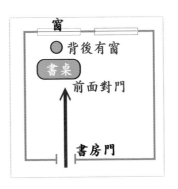

在風水上，從門外直沖而入的氣一定帶煞。不僅大門如此，室內房間的門也一樣，所以坐臥的位置都不能正對著房門。

書桌當然不能例外。無論是正面或者背後正對房門，都會承受到直沖而入的煞氣。

假如書桌的一側是門，另一側是窗，或者前門後窗、前窗後門，形成門、書桌、窗三者在一條直線上（如右圖），受煞的程度會格外嚴重。即使只是偶而在這裡坐坐，也會受到不良影響。

其實不僅前後不能對門，就算書桌的側面對房門，也會受煞。尤其是座椅，更不能對門。

上圖裡的書桌，前面正對房門，背後靠著的是窗，位置非常不理想。

第二，頭背不可受壓。

天花板上如果有樑露在外面，會形成向下的壓力與煞氣，因此橫樑的下方不宜坐臥。擺

放書桌的時候，一定要抬頭觀察，看看書桌和座椅的上方有沒有露在天花板外面的屋樑，以避煞氣。

　　其實不單是屋樑，連天花板上的吊燈吊扇都最好能避開。假如只壓到一點邊還無所謂，如果正好壓在書桌的中間，或者壓在坐椅的正上方（見左圖），就會對坐在這裡的人不利。

第三，坐椅的背後不可無靠。

　　坐椅的背後一定要有靠。背對房門，或者孤立在書房的中間，都算無靠。

　　背對房門的缺點很多：一來煞氣沖背，毫無阻擋，危害身心兩方面的健康。二來會養成疑懼多慮的心態，削弱自己的領導能力與決斷力。三來會使人緣欠佳，得不到貴人的提攜，友朋的支助，可以說是最不好的擺放方式。

　　把書桌放在書房中央，也屬於壞風水：主人無論上班上學，都孤獨無助，既不得師長的喜愛賞識，也缺乏同儕朋友間的支援協助。同時房間中心是氣場的啟動地，一旦被沉重的書房所壓，做起事來勞而無功，無論多麼努力，也難有出色的成果。

坐椅的背後應該靠牆，象徵後有靠山，工作上才不致孤立無援。假如實在沒有辦法背牆而坐，就需要在座椅後面放厚實的櫃子（文件櫃、書櫥都行）做為依憑，來化解背後無靠所可能引起的種種問題。

用來做為靠山的櫃子，至少要和桌子一樣寬，同時最好能高過人坐在椅子上的高度。如果太窄或者太矮，不但無法做為倚靠，櫃子的邊緣與尖銳的四角，還可能形成煞氣，對坐在前面的人造成傷害。

第四，桌前不可無空地。

書桌的前面最好能有一塊空地，作為聚氣的‘明堂’。千萬記住：不能在這塊地方上堆放雜物。雜亂的明堂顯示‘前途霧煞煞’，發展有限。

現在電腦幾乎是書房中必備的工具。受到插座與電線的牽制，很多家庭為了美觀方便，盡可能把書桌貼近牆壁放，以致桌子前面沒有可以用來蓄氣的明堂，是非常不可取的做法。

像下圖這樣放置的書桌，前面既沒有明堂，後面又沒有靠山，讀書做事都不容易得到成效。連在這裡記記家用帳，恐怕也常常要有不知道錢都花到那裡去了的煩惱。

理想的書桌風水

書桌的位與向的原則

就如同安排餐桌上的位置一樣，書桌的位置也以‘坐吉向吉’為最佳，‘坐凶向吉’與‘坐吉向凶’次之，‘坐凶向凶’最差。

‘坐凶向吉’雖然無法減除目前的煩惱，但是卻有助於架構一個好景可期的將來；走的是‘倒吃甘蔗，漸入佳境’的過程。‘坐吉向凶’正好相反，有助於度過眼前的難關，卻為將來種下隱憂。取捨之間，很費斟酌。

不過風水上無法追求完美，也最好不要刻意去追求完美。倘若書房已經在自己命卦的吉方，書桌的位置又不犯‘安置書桌四不可’的原則，那麼只要‘坐’與‘向’中的任何一個能夠得吉，在風水上就應該算‘合格’，不一定非要能坐吉向吉不可。

理想的書桌放法

最理想的書桌放法：座椅背後靠著整片沒有窗戶的牆，前面有一個完整沒有雜物的空間，房門則開在對面的牆壁上（但是並不正對書桌）。

想要兼顧書桌的坐與向，實在很不容易。

不過有人想出聰明的辦法：在書房中找出所有的吉位來，配合流年風水，每年改換書桌的位置，以確定自己永遠都能夠坐在吉位上，保有‘美好的現在’。

只要不怕麻煩，這倒不失為一個可行的方法，特別記在這裡，供讀者們參考。

書房在那裡開門也有講究。對一般人來說，這扇門最好能開在書桌左前方，風水上稱為'青龍開口'（見右圖），能進吉祥之氣。

如果房門開在書桌的右前方，屬於'白虎開口'，對於女性或者從事軍、警、法律事務的人，有益無害；但是對從事其他職業的男性來說，就要稍差一點。尤其在職場上遇到女性的競爭對手時，書房門開在白虎邊，落敗的可能性會大增。

電腦、檯燈、電話、傳真機、影印機、印表機這些具備電能光熱，能響會動的機器，對自己的事業或學業，能有促進激發的功效。男性最好把它們放在書桌左手邊的青龍方，女性則不妨放在書桌右手邊的白虎方。

左圖的這張書桌，前面有明堂，後面以牆壁為靠山，所有的電器用品都在左手邊，非常合於書房風水的標準。

書房與文昌

書房最好在文昌位

　　無論在書房裡做的是工作或者功課，都與腦力、智慧有關，屬於文昌星掌管的範疇。如果能得到文昌星的護佑，應該能在工作或學業上有比較出色的表現，所以風水家多建議把書房安排在房屋中的文昌位，把書桌放置在書房中的文昌位。

　　文昌位到底在那裡？答案非常複雜。因為一棟房屋有房屋的文昌位，每個房間又有房間的文昌位；大運有大運的文昌位，流年有流年的文昌位。不僅如此，每個人因為出生的年份不同，還有屬於個人的文昌位。

關於這些文昌位，在259頁'風水上的文昌位'中有詳細說明。

重疊的文昌位氣最旺

　　理論上來說，如果能找出這些文昌位重疊的地方（譬如說，房屋的文昌位恰好與個人的文昌位相合，或者流年的文昌位恰好挨到房屋的文昌位上），用來做為書房，放置書桌，應該是再好也不過了。

　　但是受到客觀條件限制，也有可能發生文昌位無法使用的情況。譬如說：房子裡的文昌位已經規劃為客廳，無法做書房用；或者文昌位剛好對著廁所，不適合做書房用。

同樣的，書房中的文昌位如果正好在橫樑的下面，也不能用來放書桌。

萬一遇到文昌位不能用，只有設法在書桌上製造出'文昌'的氣場來。

富貴竹要挺直如筆，數目需要是四，而且要養在水裡。具備這四種條件，才能對助長文昌氣有真正的幫助。

利用富貴竹培養文昌氣

文昌的說法源起於八卦的'巽卦'，在紫白飛星中屬於'四綠木星'。木需要水的滋養才能生長良好，而水在八卦中屬於'坎卦'，在紫白飛星中屬於'一白水星'。想要培養文昌氣，木和水缺一不可，所以風水上有'四綠對一白，官星照文昌'的說法。

一般培養文昌氣，最喜歡用富貴竹做文昌的代言人。這是因為富貴竹顏色翠綠，生命力強，正合於文昌五行屬木的特性，加上名稱又響亮討喜的緣故。

不過在利用富貴竹的時候，需要注意以下的幾件事：

第一，要用挺直如筆的富貴竹。

一般市場上賣的扭曲過的竹子，或者編成竹籠的盆栽，雖然看起來好看，對助長文昌氣卻沒有太大的效用。

第二，富貴竹本身的數目要是四。

不要認為富貴竹越多越好。多於四枝跟少於四枝一樣，都會減損作用力。

第三，要養在水裡。

把富貴竹養在水裡，才合於一白水配四綠木的原則，培養出能夠讓人'文章名世，科甲聯芳'的文昌氣來。如果放在土裡養，效果要大打折扣。

第四，要隨時修剪換新。

竹子如果枯死了，要隨時換新。竹葉如果有枯黃的情況發生，要立即修剪。這一點倘若做不到，還不如沒有的好。

利用毛筆培養文昌氣

還有人更加風雅些，在筆架上掛（或者插）四枝毛筆來養文昌氣。

選擇毛筆的時候，筆管的質料非常重要，一定要取自天然植物，譬如說斑竹、紫檀都不錯，倘若用金屬、琺瑯、塑料所做的筆管，效力就要差了。

同時還不要忘記在筆架的下面放一個硯台，硯台裡要經常保持濕潤有水，以合於水木相生相濟之意。

與富貴竹相比，毛筆當然更富有書卷氣。但是富貴竹具有‘節節高升’的生長力，為毛筆所不及。兩者可以說是各擅勝場。

到底用那一種方法比較好？主要還是看書桌主人自己的喜好。

備而不用，縱有若無

費心費力的佈置出一個合於風水標準的書房，把書桌放在文昌位，還在桌上放了養氣用的富貴竹，是不是就能在工作上有令人刮目相看的進展，在學業上收到突飛猛進的成效呢？還要看有沒有人來使用了。

飯廳的風水再好，家裡的人如果不在這裡吃飯，就無法得到這裡的財氣；臥室的風水再好，主人不回來睡覺，得到的好處有限。同樣的道理，不在這個房間裡讀書，不在這張桌子上做功課，無論把氣場培養得多麼好，也沒有辦法憑空塑造出好成績來。

很多望子成龍，望女成鳳的父母，費盡心血安排出風水上幾盡完美的書房與書桌，但是如果子女‘缺席’，根本不來使用，辛苦培養出來的文昌氣就不可能在他們身上發生作用。

書桌風水之其他

一人有靠，大家有靠

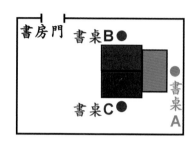

書房門　書桌B ●　書桌A ●　書桌C ●

上圖的書房裡面有三張書桌合放在一起。因為書桌A的背後靠牆，所以這三張書桌都算有靠。不過也因此而分出主從來：書桌A的位置最大，需要給三個人中年齡最大，輩分最高的人坐。

如果是多人共用的書房，排放書桌的時候，恐怕很難完全照顧到以上的＇四不可＇。

尤其是第三和第四項，當幾張書桌需要並放的時候，不太可能人人的背後都有靠，更難以做到每張桌子前面都有一塊明堂。

這種時候，可以把放在一起的幾張桌子當做一張看。只要其中一張座椅背後有靠，就可以算做大家全都有靠，倒不需要每個人的位置都靠著牆。

因為只能一個人有靠，坐在背後靠牆這個位置上的人，會很自然的成為這間書房裡的重量級人物。家長在給大家安排座位的時候，必須要考慮到這一點。

對面的人是自己的明堂

至於前面的明堂呢？坐在對面的人就等如自己的明堂。

積極努力的人相對而坐，書房的氣場在大家互相激勵之下一定會強旺起來。鬆懈懶散的人對坐，就會惡性循環，越來越不想工作了。

同時也與彼此之間
的感情有關係。

　　倘若大家感情好，
相處融洽，吉氣在眾人
（或兩人）之間激盪，
讀書或工作的效果可以
倍增；萬一情感不睦，
彼此越看越不順眼，學
習或工作的成果必然要大打折扣。

　　如果你需要跟別人共用一個書房，期望工
作或讀書有成效，除了自己努力之外，最好還
能多多培養自己與共用書房的人（尤其是坐在
對面的人）之間的情誼。

放在臥室裡的書桌

　　也有很多家庭，把書桌放在臥室裡；尤其
在學的孩子，在自己臥室裡
做功課的情況非常普遍。像
這樣‘一室兩用’，放置書
桌所需要注意的事多少會有
些不同。

　　如果讀者府上也是這種
情形，請參看第155頁‘子女
風水篇’中所提供的在臥室
中安置書桌的方法。

第七篇 子女風水

孩子臥室的位置

按照孩子的個性找吉方

安排孩子的臥室，主要的依據還是孩子自己的命卦。找出住宅中屬於他們的吉凶方位，以位於吉方的房間做臥室。（推算命卦、確定吉凶方位，請參看本書上冊的‘磁向數與命卦’）

生氣方、延年方、天醫方、伏命方雖然都屬於吉方一族，仔細分辨起來，彼此間還是有差異。假如家裡的房間多，可以選擇的話，不妨參考孩子本身的特性來做調整：

生氣方的氣場最強，適合個性穩重沉靜的孩子，可以鼓舞他們活潑外向，積極參與的精神。

但是如果讓天性浮動的孩子住在這個方位，卻可能刺激他們更加煩躁不安，無法定下心來讀書求學。

延年方適合退縮內向的孩子，能幫助他們發展出良好的人際關係。

但是對非常外向的孩子來說，怕會導致朋友太多，忙於雜務，以致影響學校的正課。還有可能在感情方面過於早熟，給自己和父母帶來額外的煩惱。

先天體質羸弱的孩子最好住在天醫方，可望在健康方面獲得改善。

生性飛揚浮躁的孩子，最好睡在伏位方。伏位方是人的本命方，氣場最穩定，除了能幫助孩子發展出完整的人格，同時也有助於穩定他的情緒。

如果實在無法把臥室安排在吉方的話，六煞方和禍害方也可以湊合著用。這兩個方位雖然算不上吉利，對孩子也不致有大害。

但是絕命方會破壞身心健康，五鬼方可能帶來意外災禍，都要極力避免才好。

西北方的臥室容易父子成仇

房子裡還有三個方位，絕對不適合做為成長期孩子的臥室：西北方、西南方與東北方。

西北方在八卦中是純陽的‘乾卦’，屬於一家之主的方位。

假如讓孩子佔用西北方，容易導致兩代關係的失衡。睡在這個方位的兒子，會有向父權挑戰的心理傾向。年紀小的時候調皮搗蛋，不聽管教；大了之後更是指東向西，處處敵對。時間久了，兩代對立的情況會越來越嚴重，很有可能要應了那句‘是前世仇人，今生才做父子’的古話。

讓女兒睡在這個方位，她在做事說話方面容易變得男性化。雖然不見得會和父母親正面起衝突，但是也很難讓父母感受到一般女兒的溫柔貼心。

西北方是家中男主人的位置，千萬不要錯讓子女佔用。

西南和東北不利生長發育

西南方在八卦中是純陰的‘坤卦’，屬於家中‘主母’的方位。小孩子，尤其男孩，住在這裡會因為陰氣太重，容易在發育的過程中發生陰陽失調的問題，所以避之為吉。

女孩子的臥室如果在西南方，對母女關係多少會有影響。程度上雖然不至於像父子對立那麼尖銳，還是會破壞兩代之間的親密感。

東北方號稱‘外鬼門’，是陰陽交界的地方。對於身體虛弱的人，正在走背運的人，或者有敏銳第六感的人，都會造成某種程度的影響。年幼孩子（八歲以下幼童）的心智體魄都不夠成熟，當然也不適合以這個方位做臥室。

假如非要以房屋的西南方或東北方為臥室不可，至少不要讓孩子的床放在臥室裡的西南方或東北方上。

（西北、西南和東北這三個方位，對東四命的孩子尤其不利。）

如果是兩層樓的住宅，父親已經佔用了樓下的西北方（譬如說用作書房），母親已經佔用了樓下的西南方（譬如說用作工作室或主臥室），樓上子女的臥室，即使在西北或西南，也不會有太大的問題。

生病孩子的睡床

風水的八宅法中有一個以父母為中心，來替病中的子女定臥室方位的方法：

首先，在住宅的建築平面圖上，標示出父母的臥室來。以父母的睡床為中心，畫一條從東南往西北延伸的斜線，把整個住宅分隔成左下和右上兩半。

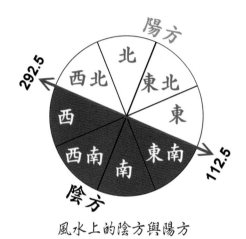

風水上的陰方與陽方

這條線在指南針上看，起於東與東南之間的112.5度，止於西與西北之間的292.5度。

以八個方位看，左下包含西方、西南、南方，和東南，稱作‘陰方’；右上包含東方、東北方、北方，和西北方，稱作‘陽方’。

為孩子放置睡床的時候，東四命的孩子應該睡在父母親的‘陽方’，西四命的孩子就應該睡在父母親的‘陰方’。（推算東西四命的方法，也請參看‘磁向數與命卦’）。

這樣佈置，使子女在與病魔奮戰的時候，可以在氣場上直接得到父母親愛心與力量的支援，打勝仗的機率會因此大增。

古代的風水大師楊救貧先生，曾經用這個方法救治過很多生病的孩子，近賢如王德薰老師，也有很多驗證的例子。如果家中有體弱多病，或者患有疑難雜症的子女，不妨按照這個方式來安排他們的睡床，同時也為他們安排天醫小灶煮食（請參看第125頁「小灶改運法」），雙管齊下，會產生意想不到的效果。

　　不過照這種方式選出來的睡床位置，因為是以父母的命卦為中心，不一定能合於孩子自己命卦的吉方。當子女病癒之後，還是要依他們自己的命卦，重新安排臥室。

孩子臥室的佈置

孩子臥室裡的床

既然是臥室，床當然是重心所在。

本書第61頁‘放置睡床的大小四不可’中所提出的大小各四個不宜放置睡床的情況，對孩子的睡房來說，全部適用。

尤其是‘床的上方不可有壓力’和‘床的位置不可對門’這兩件事，因為直接影響到孩子的健康與發育，更加忽視不得！如果發生上圖門與床對沖的情形，這張床應該毫不考慮的移到別的位置。

除了嬰兒床為了配合母親哺乳與換尿片的方便，不一定非要靠牆放不可之外，其他年齡的孩子，床頭都應該要有靠。同時要注意床單的長度，盡可能不要拖到地上，以免妨礙床底下氣的流通。

年輕孩子為了貪圖方便省事，往往喜歡把氣墊或床墊直接擱在地上（沒有床架）。每次冷熱換季的時候，或者家中大掃除的時候，家

長們都不要忘了讓他們把墊子翻起來透透氣，
以免溼氣與穢氣累積不去。

孩子臥室裡的書桌

臥室裡的書桌與書房裡
的書桌一樣，最好能夠避免
頭上受壓，或者面門、背門
的情況（請參考137頁‘安置
書桌的四不可’）。

不過書桌在臥室裡面不
能算是主要家具。只要睡床
能頭有靠山（床頭靠牆）腳
有明堂（床腳之前有空地），處於附屬地位的
書桌在這兩件事情上，就不需要過於講求。

有人為了取用方便，讓書桌面牆，在牆上
較高的地方釘書架；甚至還在這個架子上釘一
排掛鉤，好掛鑰匙，手機種種雜物。小心！這
些看起來方便的小措施，很可能是導致讀書成
績事倍功半的原因，還是拿掉的好。

上圖這張書桌
面牆而放，既
無靠山又無明
堂。如果是放
在書房裡，要
算犯了風水之
忌；但是在以
床為主的臥室
裡面，由於旁
邊的床前有明
堂後有靠，所
以沒有大礙。

房間裡的佈置

一般青少年的臥室，問題多出在‘擁擠雜
亂’四個字上：牆壁上釘滿了海報或者各種自
己喜愛的招貼，看得人眼花撩亂；地上髒衣服
和垃圾混在一起，讓人（多半是父母）進出時
有‘無處落腳’的不滿。

上圖是時下青少年典型的房間狀況。親子之間為整理房間的事情起爭執，幾乎在每個家庭裡都會發生。

髒亂確實會造成許多問題，不過親子之間的感情也需要維護。如何在不致引起兩代衝突的情況下做必要的改進呢？這裡就風水的角度提供幾個要點，為各位指出來：那些事是原則問題，必需要堅持；那些事無傷大雅，不妨做某種程度上的通融：

§ 牆上貼飾的數量不必限制，但是避免用釘子。

鼓勵孩子黏貼，或者使用圓頭、平頭的圖釘。只要表面沒有尖銳的突出，就不致造成煞氣，在風水上來說，沒有必要過於管制。

§ 避免容易‘招陰’的圖片和擺設。

成長中的孩子因為陽氣不足，如果睡房中擺設已經亡故的親友的照片，愁容滿面的人像或玩偶，對孩子的身心容易發生不良影響。

過世親友的照片，應該勸孩子珍重收藏起來。同時也應該避免滿臉悲傷或者充滿邪惡恐怖表情的人像和玩偶。（事實上，年幼孩童的房間裡，不適合有太多人形玩偶。）

§ 嚴格禁止在臥室中進食。

滿地紙屑只是雜亂而已，腐敗的食物還會

產生穢氣，造成很壞的影響。

如果能限制孩子不要在臥室中吃東西，其他方面就睜一隻眼，閉一隻眼吧。

§ 空氣流通，光線充足。

這是吉祥風水的兩大要件，孩子的臥室當然也不例外。

白天要拉開窗簾，讓房間從日光中得到充份的陽氣。如果不開空調，要求他們每天至少要有一個時辰（兩小時）開門或者開窗，讓房間有換氣的機會。

§ 選擇放置獎牌獎盃的地方。

此外，把孩子的獎牌和獎盃放在房間的西方或西北方，能激勵孩子樂觀進取的心態。在東北角落（這是房間的文昌位）掛一盞吊燈或者裝一個夜視燈（night light），能幫助孩子在讀書的時候心智澄明，有好效果。

不過文昌位的燈泡壞了，一定要馬上換新；燈罩也要經常擦拭。假如燈泡不亮，或者燈罩上滿是灰塵，對孩子的學業有害無益，還不如不放。

佈置育嬰室四部曲

　　生兒育女是人生的大事，一方面象徵自己的生命進入一個新的里程碑，一方面也覺得對祖先盡了延續香火的責任。家中多了一個小嬰兒，實在是一件可喜可賀的事。

　　不過生育容易，養育難。新科父母，難免會有些茫茫然不知從何下手的問題。這裡就風水的觀點，介紹給各位如何經由四個步驟，為新生兒佈置一個吉利的房間，讓孩子在出世之後，就能有一個好的開始。

第一步，找出育嬰室的位置

　　在‘孩子臥室的位置’中，曾經介紹過八宅法中一個為體弱多病的孩子安置臥床的原則（見第152頁）。這個方法的原理是藉由氣場的震波，把父母的力量傳送到子女身上，對孩子發生強氣健身的作用。

　　初生的嬰兒，精、氣、神都比較弱，如果想要好養好帶，在選擇育嬰室的時候，也不妨按照這個原則來做。

　　有人認為，這樣選出來的嬰兒室有缺點：因為以父母的睡床或臥室做為決定的標準，未必正好適合嬰兒本身命卦對吉凶方位的需求。

　　這是知其一不知其二的想法。其實一個人

幼年期的命運，多半依從父母。拿子平八字來說，每三十天（一個月）中，只有三天出生的人，有可能在未滿一歲的時候就開始走上自己單獨的運程；其他的人在孩童期都要以父母的運氣為運氣。

所以在嬰兒長大到單獨行運以前，都可以依照這種方式安置嬰兒床。

第二步，調整育嬰室的光線

單純就氣場的角度來看，最適合做為嬰兒室地方，應該在住宅的東方（男孩）或東南方（女孩），因為這兩個部位在五行中屬木，生長力特別強，對於嬰兒的發育非常有幫助。

可惜並不一定每棟房子都恰好能用這兩個方位做嬰兒室，也不一定每個嬰兒的命卦都適合這兩個方位。如果按照上述以父母為中心的方法來決定嬰兒室，更未必剛好在東方或東南方。這時候就需要特別注意房間裡的採光。

晴朗的白天，這個房間應該不需要開燈。日光能提升房間裡的生長力；育嬰室只要能常有日照，就無需顧慮是不是位於東方或東南方。

一個房間如果四壁無窗，一點自然光也沒有，

下圖這個育嬰室的佈置，很有風水上的問題。好在光線明亮，可以有一白遮三醜的效果。

最好不要拿來做育嬰室用。有人以開天窗的方式來引進日光，成為一個‘坐井觀天’式的房間，嬰兒心智的發展會受到限制。

但是窗戶太多，陽光特強，也會擾亂房間裡的磁場，對嬰兒來說未必是福；倘若西曬，還要注意室內的溫度會不會過高。在這個時候，能調整光線明暗度的窗簾，就更形重要了。

第三步，避免嬰兒室裡的煞氣

風水上最常見的災厄是‘煞氣’。嬰兒嬌小脆弱，當然更經不起煞氣的剋伐。所以在佈置嬰兒室的時候，必須要注意到避開煞氣。

一般來說，房間裡面的煞氣不外來自五個地方：房門外面、窗戶外面、天花板上、地板上，以及房內的家具。

§ 如何避開來自房門外的煞氣？

房門外面的煞氣入口一定是房門。為了萬全起見，最好在嬰兒室的門上掛一幅可愛的門簾，就能抵擋一切來自門外的煞氣。

全幅的門簾當然最好，不過只要能到門的一半，就已經能發生擋煞的效力。

§ 如何避開來自窗外的煞氣？

答案很簡單，是‘掛上窗簾’。在26頁‘窗戶是住宅的眼睛’裡強調過窗簾的重要性；這裡再提出來一次，以加深讀者的印象。

§ 如何避開天花板上的煞氣？

天花板上的樑（beam）是室內最兇猛的煞氣之一。選擇育嬰室的時候，應該盡可能避免橫梁外露的房間。如果實在無法避免，至少應該在嬰兒床上掛上可愛的小蚊帳來擋煞。

請千萬記住：絕對不要把嬰兒床赤裸裸的暴露在樑的下面。

§ 如何避開地板上的煞氣？

地板如果高低不平，會導致氣場不平衡，對新生兒的發育也會造成不良影響。育嬰室的地板應該平坦，尤其不可以在室內有台階。

顏色方面要素雅光潔。尤其天花板和地板的顏色要搭配得好：地板如大地，天花板如天幕，所以地板的顏色要比天花板深。假如天深地淺，有如天地反轉，哪裡還會有好風好水。

§ 如何避開來自家具的煞氣？

家具所以會產生煞氣，絕大多數是產生於邊緣的銳角。任何放在嬰兒室裡的家具，都應該先檢查有沒有銳角；這樣不但能避免煞氣，也可以提高安全度。

家具固然如此，買給嬰兒的玩具更是不能有尖角。

第四步，選擇房間和家具的顏色

在選擇育嬰室顏色和家具顏色的時候，性別當然是先決條件；不過也應該要兼顧方位上的特別忌禁，才能避免無意中對孩子的發育或運氣造成不良影響。

首先在圖上找出房子的中心點作為圓心，用圓規畫個圓，把整個住宅都包在圓裡。

然後找出房子的東、西、南、北、東南、東北、西南、西北八個方位。每個方位各佔四十五度，像切蛋糕一樣的把這個圓分開。看一看嬰兒室到底在蛋糕的那一片上。

» 在東方或東南方的育嬰室：

不宜有太多的白色，也不要有太耀眼的金屬色。假如牆壁全白，不妨在房間裡多放一點五顏六色的裝飾品。嬰兒床和床單被褥，也應該避免用白色。

» 在南方的育嬰室：

房間裡不宜有大型的黑色家具。

假如想以藍色為主調，只能用明亮的淺藍色，忌用深藍或海軍藍；同時盡可能搭配一點綠色的長型家具。

» 在西北方或西方的育嬰室：

這裡的嬰兒房不適合以大紅大紫做房間的主色。想要為女嬰用粉紅色的話，一定要搭配黃色、咖啡色做點綴。家具忌三角形；壁紙、壁布或壁畫也不宜用三角形或多角形的花樣。

» 在西南方的育嬰室：

　　不要以綠色為主色。假如很喜歡綠色，認為可以給嬰兒帶來自然祥和之氣，最好採用柔和的檸檬綠，同時搭配一些帶紅色的家具或玩具。紅和綠在一起，配得不好會流於土氣，需要家長多花些心思在上面。

» 在北方的育嬰室：

　　北方號稱‘病門’，對孩子的健康有不良影響，不宜用來做育嬰室。

　　但是假如房間兼佔北方與西北方，就沒有這個顧忌。一般來説，坐落在兩個方位上的房間，比只佔有一個方位的房間要容易調氣，更適合用來做育嬰室。

» 在東北方的育嬰室：

　　東北方是住宅的‘鬼門’，氣場特殊，比北方更不適合做育嬰的場所。不過假如房間僅有一部份在東北，另外還有一部分在延伸到東方的話，只要顏色調配恰當，就可以化解‘鬼門’之氣。

　　兼佔東北方和東方的育嬰室，最好以黃色系列或者咖啡色為主調，同時加上紅顏色作為點綴。

第八篇 浴廁風水

招災惹禍的廁所位置

廁所是必要之惡

英文有一句俚語，用來稱呼那些雖然不受歡迎，但是卻不能沒有的事物，叫做‘必要之惡’。談到居家風水的時候，廁所就讓人有這樣的感覺。

住家那能沒有廁所呢？但是萬一弄錯了位置，就難免會招災惹禍。

舉例來說：壓到財位，家裡的人雖然努力工作，偏偏財運就是衰到不行；壓到文昌，小孩唸書就鴉鴉烏，難有好的表現；萬一沖了家裡的神位，明明心中尊神敬祖，卻變成褻瀆神明，冒犯祖先，大失設立神位的原意。

所以談廁所風水，必須先弄清楚：住宅中到底有那些地方不能用來做廁所。

萬萬不能做為廁所的地方

» 第一，不能有對著大門的廁所。

住宅風水以大門為最重要：從大門引進來的氣吉則宅吉，氣凶則宅凶。

但是無論進氣多好，如果一開大門就與廁所的穢氣相混，馬上受到污染，失去了吉的成份。這種房子就是風水上所謂的‘退運之宅’

，住在裡面財運會越來越差，賺錢與存錢的能力都受到影響。

» 第二，廁所不能在房子的中心部位。

房子的中宮，在風水上來說屬於‘太極’區，是本宅氣場的啟動樞紐。它的作用就像汽車的引擎一樣：車身的造型再好，倘若引擎無力，不可能跑得快。

把廁所放在房屋的太極區，等於往引擎裡面灌硫酸，連發動都發動不起來。

‘廁佔太極型’的住宅，負效應發作起來沒有前述的‘開門見廁型’來得快；但是影響力廣泛而長遠，對家運的破壞力不容輕視。

» 第三，避免在房子後段中間蓋廁所。

在風水上，住宅的後段稱作‘山’。如果在‘山’的正中間有廁所，會破壞‘山’的穩定性，造成家人無靠（失去有力的靠山），做什麼都格外辛苦，很難得到別人的助力。

在本書上冊‘選擇理想的住家地形’中提到過，‘坐空朝滿型’的住宅，主人多靠自己的力奮鬥發展。比較起來，住在‘山’的正中有廁所的住宅裡，辛苦的程度恐怕猶有過之，但是能得到的成就卻要差得多了。

» 第四，不要把廁所安置在走道盡頭。

有些住宅，用走道把整個房子隔開成兩部份。在這種情況之下，千萬不要把廁所安置在走道的盡頭；否則廁所的穢氣與走道的滯氣相結合，會影響走道兩邊房間的氣場，製造出各種問題來。

不過因為有走道以致兩邊的房間受害，比起前面三種撼動全家人運氣的情形來說，嚴重性要小很多。

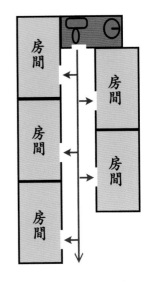

» 第五，不適合做為廁所的方位。

有兩個特殊的方位，風水家普遍認為不適合做廁所用：一是東北，一是西南。

廁所的穢氣沿著走道進入兩邊的房間。

東北號稱‘鬼門’，被看作是陰陽相接，人神往來的管道；如果這裡有廁所，會阻斷兩者之間的交通。就像腦血管被堵塞一樣，假如鬼門不通暢，也會造成家運的中風癱瘓。（這裡同時也是住宅中的文昌位，文昌被污，會影響家人求學上進之心。）

西南號稱‘內鬼門’，但是在靈界交通的地位上，顯然沒有東北方來得重要。這裡不宜有廁所的主要原因，是怕對家中女主人的健康不利，影響一家人的幸福。

下圖從東北到西南這條藍色的線上，不應該有廁所。

好在無論是鬼門或者是內鬼門，都只存在於一條線上。找出住宅的中心點，往東北方畫一條線，再把線往西南方延

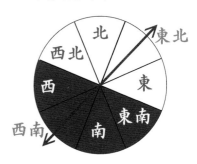

伸；只要馬桶沒有碰觸到這條線，不致惹上陰
陽界的麻煩。

龍邊怕臭？

　　另外民間還有‘龍邊怕臭’的說法，認為
廁所不可以位於住宅的龍邊。

　　但是風水上的龍邊很多：東方是龍邊，房
屋的左邊也可以說是龍邊，還有人主張東南方
是龍邊的。假如要每個龍邊都要顧全，廁所幾
乎是無容身之地了。

　　在我這麼多年看風水的經驗中，似乎也找
不出什麼特殊的有關‘龍邊怕臭’的例證來，
所以並不鼓勵大家認同這個觀點。

廁所風水之其他

注意廁所與其他房間的關係

除了怕選錯廁所位置而招災惹禍之外，也要注意廁所和家中其他地方的互動。

家裡如果有供奉神位或祖先牌位，正上方的樓上、牆的背後都不可以是廁所。祭祖先、拜神明，最重要的是一番孝心誠意；如果與排污洩穢的廁所相鄰，或者讓廁所位置在神位或祖先排位的上頭，就大失原意。

同時廁所也不宜與飯廳、廚房靠得太近。除了不衛生之外，飯廳是一家人的財庫，靠近以排洩為目的的廁所，很難聚氣蓄財；廚房屬火，廁所屬水，在氣場上更有彼此對立，互不相容的顧慮。

開門見馬桶的廁所

比起以往糞坑式的茅房來，新式廁所的穢氣已經可以說是很少了。

不過有兩種設計，會讓新式的廁所也具有嚴重的殺傷力：一是打開門就直接面對抽水馬桶，讓穢氣直進直出，想不成為煞氣也難。另一是打開門就面對鏡子，讓鏡子有機會把廁所的穢氣加倍反射出去。

人坐在馬桶上的時候，如果臉正對著門，靠得越近，穢氣的殺傷力就越大。

這兩種設計的廁所，如果它的門同時又正沖臥床，對於睡在這張床上的人不利；正沖書桌，對於使用這張桌子的人不利。倘若是對著飯桌、爐灶的話，會危害全家人的健康，減低大家賺錢的能力；倘若對著冰箱、保險箱的話，則影響家庭的儲蓄；破財事小，還有可能招惹災禍。

上圖浴室裡的的鏡子正對著廁所的門，門又對著床。在這張床上睡久了，運氣很難好得起來。

不過只要鏡子和馬桶不正對著門，現代廁所能夠產生的煞氣其實有限，即使有門沖的現象，破壞力也不致太大。所以只要建築公司能把抽水馬桶設計得隱藏一點，同時不要讓鏡子有助紂為虐的機會，住宅風水的問題會減少很多。

讓廁所發揮制煞的功能

談了很多廁所的‘惡’，其實它在風水上也有正面的功能：它能以毒攻毒，利用本身的穢氣，剋制住凶方的濁惡之氣。

每個人因為命卦不同，有四個不同的凶方（請參看上冊的‘磁向數與命卦’以及‘四吉四凶方的效應’）；其中的‘絕命方’與‘五鬼方’氣場狂亂，殺傷力強，如果處置不當，很容易造成意外與不幸。倘若能把廁所安置在自己的這兩個凶方，就能壓住這裡的凶氣，讓生活更加安逸舒坦。

　　爐灶雖然也有制煞的功能（請參看118頁的‘爐灶招吉法’），但是除了‘坐凶’之外，還需要‘向吉’，才算合於風水的標準。廁所卻不一樣，只要能夠壓在凶方，就算完成了任務；假如廁所裡面的馬桶再能‘坐凶向吉’的話，等於槓上開花，是額外的收穫。

　　（什麼方向屬於坐凶向吉，請參看本書上冊的‘坐吉坐凶與向吉向凶’）

浴室對風水的影響

浴室在風水上和廁所同屬一級

現代的住宅，廁所裡不一定附有浴缸，但是浴室裡幾乎一定會有抽水馬桶。

因為以下幾種原因，在討論風水的時候，常常把浴室與廁所合併為一：

第一，現代的住宅，廁所裡不一定附有浴室，但是浴室裡幾乎一定附有廁所。

第二，廁所供人排洩身體裡面的廢物、渣滓，浴室供人清洗身體外面的汗漬、污垢，兩者都是我們‘排除’身上有害物質的地方。

第三，兩者都是利用管道，把住戶的廢棄物從房子裡運送出去。

第四，浴缸中常常積留著體垢，和廁所一樣能產生穢氣。

所以，凡是不宜有廁所的地方，也幾乎都不宜有浴室。

五十步與百步之差

不過嚴格說起來，浴室與廁所在風水上的影響力，還是略有不同。

廁所的殺傷力主要來自穢氣，相形之下，由於洩氣而造成的影響要小些。所以要減低廁所的殺傷力，首要之務在設法減少穢氣。

倘若廁所設在住宅的吉方，使用之後順手蓋上馬桶蓋，杜絕穢氣，可以說是最有效而省事的風水調整法。

浴室在風水上的作用，主要在於洩氣（把污水從家裡排出去），只有在沒有適當清理的情況下，才會發生穢氣的問題。

萬一浴室位於住宅的吉方，需要盡量保持清潔，同時避免浴缸或地面積水，以限制它所能造成的破壞。

浴室裡的濕氣是大問題

另外，浴室比廁所多了一個濕氣的問題。

通風不好的浴室，在牆壁上會形成能致病的黴菌（mold），讓人觸目驚心；同時在目不能見的情況下，濕氣還會改變住宅氣場，危害到全家人的運氣，讓家人都變成‘菌男黴女’，比看得見的黴菌還要恐怖得多。

在調整浴室風水的時候，如何使濕氣不要留存在房子裡，是很重要的一個課題。

減低浴廁的殺傷力

　　想要減低浴室和廁所在風水上的殺傷力，需要做到下面幾件事情：

現代的浴廁，只要能徹底保持清潔乾爽，即使在吉方，肇禍也不致太大。

做好清潔工作，把浴室和廁所的穢氣降到最低程度。

　　浴缸中殘留的體垢和便器中殘留的糞滓，很容易產生穢氣。

　　浴廁倘若位在凶方，本來可以發揮壓凶制煞的功能，但是如果過於髒亂，以致穢氣太重，反而會助長凶方的惡氣。

　　倘若位在吉方，本身就已經對風水造成了傷害，再加上因為髒亂而製造的穢氣，更是助紂為虐，雪上加霜。

水龍頭漏水，財氣也跟著流走。

做好維修工作，不要讓馬桶和浴缸有漏水或者堵塞的情況發生。

　　家裡的水是財運的管理人。漏水不趕緊修理，並不只有水費增加而已，財氣也會漏到不行。

如果排水管堵塞，讓水流不出去，是不是可以因此存財呢？非也非也，不但沒有護財存財的作用，拖久了，還會破壞家人的健康。

　　誰的健康受害最大？家裡體力差、多病痛的人，最容易受到傷害。同時也與方位有關。如果浴廁在西北方，先傷老父；在西南方，先傷老母；倘若在住宅中心部位的話，一家人都多病痛。

注意通風，讓穢氣直接疏散到屋外。

　　浴廁裡有通到屋外的窗戶，一定要善加利用；沒有窗戶，最好能裝置強力的抽風設備。

　　這一點非常重要。如果能把浴廁的穢氣和濕氣都直接送到房外去，是釜底抽薪的改善方法。

如果浴室有窗戶，一定要經常打開，把穢氣直接排到屋外。

經常關上浴廁的門，不讓穢氣和濕氣在房子裡亂轉。

　　如果有窗戶，或者抽風設備良好，建議各位最好全天候把浴廁的門關起來。

　　如果沒有窗戶，為了防止穢氣在浴廁裡越積越盛，不能不開

養成隨手把馬桶蓋蓋上的習慣，有助於改進住宅風水。

門透氣；這時只有把抽水馬桶的蓋子蓋起來，以減少穢氣。

浴廁裡的鏡子如果能照得到馬桶，恐怕還是遷地為良。

移走能照到馬桶的鏡子。

廁所裡面的鏡子，如果位置和馬桶相對面的話，會加強從排泄管裡冒出來的穢氣，最好把它移到另一面牆壁上去。

家裡假如有任何鏡子能照得到廁所的門，也應該趕緊移開，免得旁生枝節，自招其害。

廁所裡面並不適合放盆栽

很多人喜歡在廁所裡面擺放盆栽，希望藉此淨化廁所的氣場。這樣做其實要很小心。

第一，需要慎選盆栽。

植物具有生長力，尤其大型盆栽，生長力特別強旺。在廁所裡放盆栽，往往會刺激廁所穢氣的活動力，發生反效果。

第二，要慎防盆栽枯死。

任何本來具有生命的物體，在死亡之後都會釋放出大量的煞氣。放在廁所裡的盆栽一旦有枯枝落葉，不但無法發生淨化的作用，還會助紂為虐，成為風水的破壞者。

第九篇 室內的煞氣

建築本身的設計問題

有些房屋，因為建築物本身的設計問題，可以說在風水上先天不良。如果買了這樣的房屋做住宅，想要修正往往非常困難；所以最好在選購之前，就先加以篩選。

所有可能會發生的不當設計，其實在論室內風水的時候，都一一提到過。現在歸納在這裡，方便讀者們買屋時做參考。如果有化解或減少煞氣的方法，會附註於後，希望能對已經買了這類住宅的朋友，也能有所幫助：

壹、有問題的大門

大門是房屋的進氣口，在住宅風水裡佔有極重要的地位；所謂‘千金大門四兩屋’，是住宅風水的關鍵所在，絕對忽視不得。

1. 大門與房屋的比例不當

房子很大，大門很小，會有進氣不足的問題。風水書上說：‘門小屋大掐頸刑’，房子就像人被掐住脖子一樣，無法呼吸。住在這種房子裡面，會感覺‘有志難伸’的憋氣，進財的能力也會大減。

房子很小，大門很大，會有洩氣的問題。風水書上說：‘門大屋小財難守’，不要說進財了，原來手裡的錢也會‘速速去’。這樣的房子是‘退氣屋’的一種，運氣會越來越差，千萬住不得！

§ 化解方法：

換門當然是最徹底的解決方法。這麼做雖然花錢費事，但是比起因為風水不好而造成的損失來，恐怕還是划算得多。

如果門大屋小，也可以考慮在進門的地方做一個玄關來減緩進氣出氣的速度。（請參看第2頁的‘大門內的玄機’）

2.大門與後門之間直通無阻

有些房子，大門和後門設計在同一條直線上。如果將兩扇門同時打開，會感覺到風從其中的一個門進來，急速穿過房屋，從另外一個門出去。

這樣的格局，在風水上叫做‘穿心煞’（請參看右圖以及第8頁的說明），如果大門剛好開在房子正面的中間，問題格外嚴重。

穿心煞在風水上可以說惡名昭彰；稍微懂一點風水，買房子都會注意到這一點。

流風所及，現在美國華人比較多的城市，建築商都知道不能蓋這樣的房子，否則沒有中國人會買。

（我在美國曾經給營造商和房地產經紀人開過風水課，很多來上課的外國人也都是先聽說了‘穿心煞’，才會想到來對風水做進一步的了解。）

§ 化解方法：

穿心煞的名氣雖然響亮，要想化解倒不是很困難。只要能設法阻斷前門與後門直通的通道就行了。加一堵牆、放一個體積大（要夠高夠寬）的家具或者屏風，都能化解掉相當程度的煞氣。

不過假如房子本身的深度不夠，大門和後門相距很近，問題就沒有那麼簡單了。只有加蓋一堵牆才有可能消彌一些煞氣，家具或者屏風都嫌不夠力。

3.大門與樓梯相對

一進大門就面對樓梯，無論樓梯是往上走還是往下走，都不是好風水。外氣進門之後，也會隨著樓梯遶上遶下，使家裡的氣場混亂，製造出許多生活上的波折困擾。

§ 化解方法：

假如大門和樓梯中間有足夠的距離，做一個玄關可以徹底解決問題；放置一個大型屏風也會有相當程度的幫助。

如果兩者之間的距離非常近，

大門與樓梯正面相對，相隔又如此之近，想要化解非常困難。

化解起來就很不容易。理論上來說，倘若能在樓梯口裝一道門，或者掛一個簾子，都可以減輕不良效應；不過做起來恐怕會有實際上的困難。

貳、錯誤的隔間

1. 房屋的中間是廁所、廚房，或者樓梯

房屋的中心是整個房屋氣場的發動中心。如果有廁所，會汙染氣場；如果是廚房，會發生‘烈火攻心’的煞氣；如果是樓梯，家人的生活多動盪不安，也容易發生意外。

§ 化解方法：

除了重新隔間，把廁所、廚房、樓梯從中宮移開之外，可以說無解。

‘盡量不用’當然可以減低部分煞氣，但是顯然會造成生活上的不方便。擺放或者懸掛任何吉祥物、鎮煞物，也只能得到心理上的安慰，很難真正發生效果。

唯一能做的，就是希望大家不要去買這樣的房子，更希望建築商不要蓋這樣的房子，

已經買了這種房子的人，應該要多做善事。積德可以解禍；與其花很多錢買風水吉祥物，不如用來救災濟貧，效果還更顯著。

2. 廚房太靠近大門

太靠近大門的廚房，容易‘露白’（指錢財），也容易‘漏氣’（指運氣），不但失財失祿，還有可能養出敗家的兒孫來。

§ 化解方法：

絕對不要讓廚房的門開向大門。如果已經如此，最好趕快改一處開門。

3. 太長的走道

住宅中如果有一條狹長的走道，也能製造煞氣。

§ 化解方法：

在走道上鋪地毯，可以減低煞氣。

如果走道夠寬，不妨間隔著放置一些盆栽或著低矮的家具；或者從天花板上垂吊一些大型的飾物，譬如燈籠、旗幟等等（如果用後面這個方法，要注意避免製造下垂的壓力。）

如果走道不夠寬，就只有在地上加鋪比較厚實的地毯，希望能藉此減緩氣的流通速度。

4. 房間的門對著廁所的門

除了儲藏室以外，任何房間的門都不宜與廁所相對。

做為臥室，有害臥室主人的健

住宅裡面如果有如下圖這麼長的走道，煞氣不輕。受影響最大的，是走道底紅色箭頭所指的那個房間。

康（假如主人已經成年，還要小心感情方面的問題）；做為客廳，對人際關係有傷害；做為飯廳，有害健康與財運；做為書房或工作室，對事業或學業不利；做為育嬰室尤其要不得！

§ 化解方法：

沒有能徹底化解的方法。

不過假如能記得隨手把馬桶蓋合上，隨手把廁所門關上，可以有效的減少煞氣。

5.門與門相對的房間

房子裡有任何兩扇門相對，在風水上都屬於缺點。

§ 化解方法：

在門上掛上門簾，或者在門裡面放屏風。

參、多角形的房間

房間最好能方正；略有凹凸還無所謂，如果形狀歪斜，會嚴重影響使用這個房間的人的心理。

§ 化解方法：

只要找工匠把不整齊的地方隔成壁櫥（如右圖），讓房間能使用的部份保持方正，就能完全解決問題。

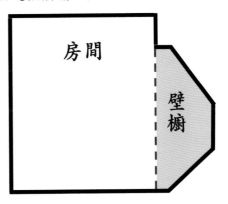

倘若能找到大小適合的家具，把不平整的地方填平，也一樣有化解的功效。

肆、樓上比樓下高大

如果是兩層以上的樓房，樓上的面積不可以比樓下大，高度也不能比樓下高。否則頭重腳輕，遲早會出問題。

§ 化解方法：

面積的問題，可以擴大樓下的部份，使樓下至少和樓上一樣大。

高度的問題，可以在樓上做比較低的天花板，使樓上的空間高度不要高過樓下。

當然，拆掉重建還是最徹底的解決方式。

伍、過高與過矮的房間

房間的高度不能太低。過分低矮的房屋，氣場無法轉動，住在裡面的人運氣當然也好不起來。經常感覺‘英雄無用武之地’或者‘有志難伸’的人，不妨檢查一下自己的住宅，是不是有氣場無法轉動的問題。

多低算是太低呢？一個人墊起腳來伸直手臂，如果很容易就碰得到天花板的話，對這個人來說，這間房間就不夠高。現在流行的‘樓中樓’式的建築，有很多都不合這個標準，買房子的時候一定要注意。

不過房間太高也會有問題。房間太高了，要是人氣不足，就像用小馬達轉動大機器，效果當然會差。所以人口越少，越不適合住天花板太高的房子。

§ 化解方法：

過高的問題比較好解決：

客廳太高，不妨多養幾隻寵物，多放幾盆盆栽，或經常邀請親朋好友到家裡來，都可以幫助增強氣場。

臥室過高的問題比較嚴重，因為會使夫妻的生育力減低（就像臥室的面積過大一樣），也會使體弱氣衰或者年老多病的人，健康情況越來越糟糕。遇到這種情形，可以重建天花板來調整房屋的高度，也可以買一張上面有頂、四周有簾幕的床，來縮小睡覺時的處身的空間（有關這樣的睡床，請參看第52頁的‘臥室是住宅風水的重心’）。

房間過低的話，需要看看天花板有沒有上移的空間，或者有沒有可能把兩層併成一層（如把樓中樓的格局，改成一層樓）。如果不能，除了拆掉重建，再沒有其他的方法。

室內設計不當

除了建築物本身的結構之外，房屋內部的裝潢有時候也會造成風水上的問題。

壹、來自天花板的問題

天花板是室內的天；從天花板來的煞氣，當然會影響整個房子的風水。

露在天花板外面的橫樑（見上圖），有些是為了房屋結構有此需要，有些卻只是為了裝飾。不過無論目的是什麼，都一樣會製造煞氣。

1. 露在天花板外的樑

如果要給屋內煞氣的凶惡程度寫個排行榜，露在天花板外面的樑，絕對名列前茅。

天花板上如果有樑（見左上圖），要避免在下面坐臥。客廳裡的沙發、臥室裡的床、書房裡的書桌和椅子、飯廳裡的飯桌和椅子，都要避免安置在樑的下方。

§ 化解的方法：

假如房子夠高，最好的方法當然是用天花板把橫樑完全遮擋起來。否則的話，除了避免在下面坐臥之外，再無他法。

如果誤以為掛了風水吉祥物，就可以毫無忌憚的在橫樑下面長期坐臥或活動，到頭來吃虧的還是自己。

2.花錢買來的殺手（造型天花板）

現代人講究生活品味，
住宅裡的裝潢也希望能表現
出自己的特殊風格。因此很
多人家裡的天花板都刻意做
得與眾不同：或者中間凹進
四沿凸出，或者中間凸出四
沿凹入。這些都是花錢特別
製造出來的煞氣。

這一類的天花板，凸出
或凹進的地方多半都沿著牆角。而很多房間裡
面的主要家具，譬如說臥室裡的床、客廳裡的
沙發、書房裡的書桌，都希望能有一面牆在背
後當靠山。如果靠近牆的天花板不是凸出就是
凹進，人就無可避免的要坐臥在煞氣之下。

§ 化解的方法：

想要徹底化解，只有把天花板拆掉重做。

如果確實喜歡這個造型，或者因為其他原
因不能拆除，就要在沙發背後、床頭板後面，
或者書桌椅的背後，看實際需要放一個夠寬的
櫃子，務必使家人坐臥的時候，不至於正好在
天花板凹凸處的正下方。

還有人喜歡用砂石噴漆在天花板上造成明
顯凹凸的效果。這樣的天花板在風水上來說，
也屬於不吉；雖然不至於造成大害，但是同樣
屬於花錢買煞氣的不智之舉。

3.過度傾斜的天花板

有些房子的天花板，中間極高，兩邊陡然斜垂，或者一邊高，另外一邊低。（所以會形成這種情形，多半是受到屋頂形狀的限制，倒不能完全怪罪到裝潢上。）像這樣的天花板，對住在裡面的人來說，會發生兩種影響：

第一，精力消耗得比較快。天花板傾斜的房子，房屋的造型多半是尖形。尖形在五行中屬火，氣場的力量上衝，會把人的精力也一同帶走。

在經常下雪的地方，為避免積雪把屋頂壓垮，這種屋頂比較多見。由於當地氣候寒冷，空氣凝重，對向上的氣場會發生制衡的作用，也就不至過於消耗住戶的精力。但是在天氣溫暖少雪的地方住這種房子，會發生問題。

教堂、廟宇多有這樣的建築。不過一來信眾人多，每個人被消耗掉的氣會按比例下降；二來進教堂廟宇的人，多半都心神凝聚安定，氣不容易散失；三來除了神父或僧侶，很少有人會長期居住在教堂廟宇裡面。

第二，健康容易出問題。傾斜的天花板使氣場失衡，對住戶身心兩方面都會造成不良影響。這種情況發生在臥室裡，傷害會特別大。

下面這間臥室的風水問題不少，你能看得出幾個來呢？

大的問題是：天花板傾斜，而且高度不夠。

其次是：床的位置不正（床頭與兩面牆壁夾出一個三角形），而且盆栽太多。

另外，床頭與窗戶同一面牆，屬於次級問題。

§ 化解的方法：

房間裡如果有傾斜的天花板，盡量避免在最低的地方盤桓太久。如果沙發必須要靠在比較底的一邊，不妨在背後放置一個矮櫃，以免直接承受到天花板往下的壓力。

假如臥室有這種情形，避免把床放在天花板最低點或者最高點的下方。當然，最好還是要選用有頂的床。

貳、來自地板的問題：

天花板既然是室內的天，地板當然就是室內的地。地板也以平為基本原則。

除了明顯的樓上樓下之外，屋子裡如果分出不同的層級來，每一層至少要有一兩個階梯的差異。不同的層級地上最好鋪上不同顏色或不同質料的地板或地毯。

一個房間裡的地面最好不要高低不同，以免室內氣場顛簸紊亂。地板的影響雖然沒有天花板來得明顯快速，但是更長遠，不可輕視。

§ 化解方法：

除了把地板鋪平，別無他法。

藍色箭頭指的地方，地板不平。因為不容易察覺，既不安全，也會使運氣顛簸。

別讓家具破壞風水

　　一般住宅裡面的風水所以會發生問題，不外是由建築的設計、內部的裝潢、或者家具的佈置這幾件事所引起。

　　已經蓋好的建築很難改變設計，要重新裝潢也有不少麻煩，但是在家具佈置這一方面，只要有心，幾乎人人都可以DIY。這一篇就要談談如何避免讓家具影響到室內風水，希望大家都能經由自己的手，讓家裡的風水旺起來！

壹、本身帶有煞氣的家具

　　有些家具，因為外型的關係，帶有煞氣。

選用周邊圓滑光潤、沒有尖角銳邊的餐桌椅，可以避免煞氣。

　　凡是尖銳的物器，就容易帶有煞氣；所以邊緣尖銳的家具，幾乎都帶煞。尤其是櫥櫃、書架、書桌、飯桌、睡床這些大型的家具，如果邊緣尖銳的話，煞氣特別重。選購家具的時候，最好能選四角有弧度的，就可以避免這種麻煩。

　　書架或者各類櫃子，帶有拉門的比開放式的好，可以避免中間的隔層板所帶的煞氣。

嵌入式的壁櫃，在關上櫥門之後與牆齊平，也可以減少這方面的顧慮。在新蓋房子或重新裝修的時候，應該考慮多利用這種設計。

掛在天花板上的吊燈吊扇如果下端具有尖銳的角（見右圖），煞氣由上而下，當然更嚴重。

在小房間裡掛大的吊燈吊扇，就算本身沒有尖角，也會因為體積過大，產生壓煞。尤其是睡床上方的吊燈，更需要慎重選擇。

因為臥室裡不宜有水的緣故，水床也算帶有煞氣的家具。

豪華吊燈往往所費不貲。購買的時候一定要注意有沒有尖角，以免買來煞氣掛在天花板上。

如果真是對那種載沉載浮，水波盪漾的滋味有興趣的話，不妨買來放在客房裡，偶爾進去躺一躺，不能算帶煞。（對客人來說，只是作客的時候睡幾天，倒也沒有什麼妨礙。）

貳、放錯位置的家具

有些家具，本身不一定有煞氣，但是因為放錯位置，可以說是被迫製造出煞氣來。

1.鏡子

最典型的例子是帶有鏡子的家具。鏡子如果對著門（大門、後門、房間的門）、睡床、爐台、馬桶，都是風水缺點，一定要挪開。家具如果帶有鏡子，放的時候需要特別小心。

所謂'對著'，是指正面相對，沒有家具或牆隔在中間。譬如說，對著大門的牆上掛了一面鏡子，本來是對著大門的，但是因為在進門的地方放了一扇屏風，鏡子就不再與門相對，這種煞氣也就自然化解。

此外，如果屋裡的鏡子能照到屋外的水，無論照到的是河水、湖水、海水，或者游泳池的水，要提防會變成禍水。放置帶有鏡子的家具時，這也是需要注意的一件事。

2. 大型盆栽

大型盆栽因為生長力強旺，本來有助於增強屋子裡的氣場；但是假如放錯了地方，反而會成為風水殺手。

第一個不可放置的地方是臥室。

這一點在第74頁'佈置臥室有五戒'裡特別提出討論過。臥室是休息靜養的地方，本來就不宜有過於強旺的氣場，何況植物晚上吐出二氧化碳，就健康的觀點來看，也屬不宜。

第二個不可放置的地方是房子的西南方。

西南方在易經中屬於坤卦，屬土，最怕被木剋。在這裡放大型盆栽，會危害到家中女主人的健康。如果家中有年老的母親，

臥室裡放植物，對睡在這間臥室裡的人不利。倘若臥室在住宅的西南方，連房子的女主人也會受到傷害。

或者健康欠佳的女主人，更應該要特別注意。

3.有水火屬性的家用品

雖然五行喜生不喜剋，但是木剋土可以培養出植物，土剋水可以規劃出河海江湖，金剋木、火剋金，可以雕塑或鎔鑄出有用的器物，還是有其正面的意義存在。只有水火相剋，稍一不慎，就形成你死我活的局面；所以在住宅風水中，最忌有水火相剋的情形出現。

魚缸雖然悅目怡情，萬一放錯地方，很可能會為主人招災惹禍。

家中屬火的，不外乎壁爐、爐灶、電熱器等。屬水的，就是魚缸、飲水器、洗碗槽、冰箱、洗衣機等等。

這兩類家用品，最好不要並排相鄰的放在一起，也不要面對面放。這種可能性在廚房裡特別容易發生，請各位參考第112頁‘安置爐灶有五忌’中的說明。

很多人為了風水的緣故，特別在家中放置魚缸，還把裡面養的魚稱作風水魚。不過魚缸屬水，千萬不能放在壁爐、爐灶、電熱器這些屬火的器物對面，更不能緊鄰在旁邊。南方五行屬火，所以也不要放置在住宅裡的南方。

如果犯了這些忌禁，不但沒有辦法招吉納

上圖藍色箭頭所指的椅子，背後正好對門。一個人如果每天都坐在這個位置上用餐，運氣恐怕很難好得起來。

祥，還會帶來意想不到的麻煩。

參、室內容易受煞的位置

家中有兩種地方最容易受煞：一是正對門的位置，一是天花板上有凸出物的正下方。

打開任何房間的門（包含大門在內），從門口往屋裡劃一條線，直碰到牆。凡是在這條直線上的家具，就會受煞。（儲藏室不算。）

假如受到煞氣的只是櫥櫃、電視、書架之類的家具，當然不必在意。但是倘若是家人經常坐臥的地方，像床、沙發、桌椅等等，就應該把它們搬開，另找適當的地方。

廚房裡面的爐灶和冰箱也不宜對門（請參看‘安置爐灶有五忌’），以免站在廚房外面就能看到爐灶。如果廚房門直通大門，任何人打開大門就能直接看到爐灶，就更加不妙了。

天花板也是一樣，如果凹凸不平，或者上面掛有任何比較大的器物，如吊燈吊扇等等，最好不要在它的正下方坐臥。

肆、骨董家具

最後要談一談骨董家具。

很多人認為，家中有幾件有歷史的骨董家具，是非常風雅的事；由於價錢不菲的緣故，骨董家具就像豪華轎車一樣，還能象徵一個人的財富。不過就風水的觀點來說，並不鼓勵大家使用骨董家具。

買房子，很多人都知道需要注意'前手'問題，因為前任住户的情緒會影響房屋的氣場，假如曾經發生過什麼不幸，所有哀怨痛苦之氣都會長留不散。家具也是如此，無論桌椅床鋪，都蓄留有前人的感情。如果不明來歷，還是用新的家具好。

破壞室內風水的其他因素

雜物太多

　　一棟房子如果外在的環境、本身的設計、內部的裝潢、家具的擺設，都完全合於風水標準，但是屋子裡到處堆滿了雜物，住在裡面的人所能得到的風水助力相當有限。

　　住宅風水的終極目標，在於蓄積厚實有力的氣場，而且希望能夠流通無阻；就像長江大河，水量豐沛，所以能運載大船（這個船，就是住戶的運氣）。

　　屋裡的雜物，就像河道裡的砂石；砂石越多，流量越小，河中就只能走小船。堆積太多的時候，船還有擱淺或觸礁的危險。

　　希望住家能有好風水？第一步該做的事就是把家裡所有用不著的東西丟掉，所有不常用的東西收到儲藏室裡。

　　如果捨不得丟的東西太多，最好租一個儲藏室來堆放。租儲藏室雖然花錢，比起把東西雜亂的堆在家裡，以致破壞風水、帶壞運氣，還是要划算得多！

房子小，東西多，如果再不好好整理，不但人的進出困難，氣也不容易流通。

家具太擁擠

中國畫最重視‘留白’，一張畫紙上著墨的地方往往不到一半；如果整張紙都畫得滿滿的，絕對不會是好畫。

風水也是一樣，房子裡面如果家具太多，讓住在裡面的人感覺到侷促壓迫，或者通行不便，一定不會是好風水。

不過太空曠了也不行。家裡的家具太少，進門覺得冷冷清清，好像是家徒四壁似的，一樣會有問題。

打一個比方來說：風水好比汽車，家具好比路面的摩擦力。家具太多，摩擦力太大，風水這輛車就動得吃力，而且吃胎；家具太少，摩擦力太小，車子會打滑，多麼危險。

儒家最注重的中庸之道，用在這裡正合適。

牆壁顏色灰黯

朋友見面，說：‘你最近看起來氣色不錯嘛’是人人愛聽的交際辭令。人有氣色，風水家認為，房屋也有氣色。

清代學者魏青江寫的“辨宅氣色”，專門討論房屋的氣色。上面有這麼幾句話：‘屋宇雖舊，氣色光明，精采潤澤，其家必定興發；氣色黯淡，灰頹寂寞，其家必當退落’。

如何看一棟房子氣色好不好？‘氣’的部

古人最喜歡談氣色。

中醫講究望、聞、問、切；高明的醫生，只要看病人的氣色，就知道病況的大概。

面相家風鑑之術，最高階段也是憑臉上的氣色斷吉凶。

這裡談風水，連房子也有氣色可看。氣色兩個字，學問可真不小！

份，要有相當程度的風水修養才能看得出來，但是‘色’的部份，卻不難一目瞭然。

想一想，如果牆壁的粉刷陳舊黯淡，天花板掛著蛛絲、牆腳積著灰塵，如何能‘精采潤澤’得起來？

各位過年大清掃的時候，不要忘了清潔牆壁。每隔幾年重新粉刷一次，讓房子看起來有精神，正是調整風水的方法之一。

牆上掛的字畫太愁苦

千萬不要小看房間裡掛的字畫，它們會直接或間接的影響到房子的氣色。

如果掛的字畫內容盡是哀愁絕望的心情、陰冷蕭瑟的意境，房子的氣色自然會越來越灰頹寂寞。

住宅裡掛的字畫也好，裝飾物也好，最好能讓人感覺心情平穩喜悅。像下圖這樣非常情緒化的面具，就絕對不適合掛在牆上，尤其不適合放在孩子的房間。

玄關、客廳裡的字畫，要有堂皇氣（或富氣、或貴氣、或正氣，根據主人的喜好需要而定）。

飯廳裡的字畫，要讓人有豐足歡愉的感覺。書房裡的字畫，要有鼓動激勵的功能。

臥室裡的字畫，或溫柔浪漫、或恬靜閒適。兒童臥室裡的畫，要富有童趣。

屋內顏色所造成的問題

屋子裡面的顏色也會影響風水。因為顏色錯誤而引起風水問題，常見的有以下幾種：

§ 天花板的顏色比地板深

天花板好比房子裡面的天，地板好比房子裡面的地。如果天的顏色比地的顏色暗淡，頭重腳輕，必然會發生問題。

上圖的地板平滑反光，走在上面就像走在湖面上一樣，讓人心神恍惚，感覺不到地的沉穩踏實，因此不合風水要求。

§ 牆壁的顏色失衡

牆壁在天花板與地板之間，規範出住宅裡面可供作息的範圍（在那裡吃飯，在那裡睡覺，在那裡洗澡等等），在風水上也有它的影響力。

既然日常生活中有絕大多數的時間被牆壁所包圍，當然希望它的顏色能明快祥和。黯淡深沉的色彩，或者讓人眼花撩亂的處理方式，會使生活失衡，絕不可取。

§ 西北方忌大紅、西南方忌大綠

方位、顏色都和五行有關。五行既然有生剋關係，方位和顏色之間也就有了生剋。（如何利用不同的顏色來增減不同方位的氣場，請參看本書上冊第四篇風水調氣。）

這裡要特別提出來的，是西北和西南兩個方位。

西北方純陽，所以這個方位代表父親；西南方純陰，所以這個方位代表母親。

在房屋的西北部分強調屬火的紅顏色，或者在西南部分強調屬木的綠顏色，對父母（或者住宅裡面的男、女主人）不利。

像左圖這樣以紅色為主色調的房間，如果在房屋的西北角，就可能危害男主人的健康。

枯死的鮮花盆栽

在家裡放置鮮花盆栽，除了花紅葉綠可以賞心悅目之外，還能以本身的生長力來激發、增強家中的氣場，帶來好風水。

但是一旦盆栽裡的植物枯死凋落，生氣會

被死亡的氣息所取代，如果不趕緊
丟棄的話，反而會成為破壞風水的
殺手。

植物如此，鳥獸蟲魚當然更不
例外。無論大小，任何原來具有生
命活力，後來只剩軀殼的屍骸，都
應該趕緊從房子裡面拿開。

沒有及時處理的‘髒’

髒亂所造成的穢氣，無論是在屋裡還是屋
外，都會破壞風水。

住家裡面最常見的‘髒’，不外洗衣籃裡
堆積的髒衣服、洗碗槽裡堆積的髒碗盤，以及
垃圾桶裡的垃圾。原則上，這些東西都應該遠
離屋主命卦的吉方，以免汙染吉氣。

髒碗盤最好每餐清洗。垃圾桶裡的垃圾如
果不能馬上丟棄的話，要紮袋封口；尤其如果
有廚餘，更不能放任不管。髒衣服不能堆到發
出異味才洗。

家中無穢氣，吉氣自然來。

第十篇 實用風水

寵物風水

貓狗一家親

　　現代人家中養寵物的情況越來越普及，走到朋友家裡，很少不看到狗狗或喵喵。

　　從正面看，顯然大家都越來越有民胞物與的好心腸，能與小動物分享自己的愛心；從另一方面看，這個時代的人越來越寂寞，這些毛茸茸的小動物讓我們感受到的愛與安慰，往往比我們能給牠們的要多得多。

　　狗狗和喵喵有牠們自己的生命與活力，住在家裡，當然會改變住宅中的氣場。這裡就要談一談，在家中養狗養貓，對風水會有什麼樣的影響。

貓狗的生命力可以提氣

　　在居家風水上，有幾種房屋對主人的運氣非常不利，稱做‘退氣屋’；屋大人少是其中的一種。房屋太大，住在裡面的人太少，生命力不足，就像把小引擎裝在大車殼裡面一樣，怎麼可能跑得快、跑得帥？

動物的生命力比植物要強。家裡養寵物，在提氣的功效上，比養盆栽要高得多。

在這種情形之下，如果能在家裡養個寵物，牠們的生命力能幫助主人激盪住宅裡的氣場，就風水來說，絕對有加分的作用。

貓狗的生命力還可以爭氣

在本書上冊‘不吉大門的化解法’中，提到兩家大門隔著馬路相對（在公寓裡面，很可能就是隔著走道相對），會發生兩家‘爭吸一口氣’的情況。在這種情況下，那一家住的人比較多，那一家就能吸到比較多的氣。

這時候如果家裡有貓狗，能發生替你‘爭氣’的效用。牠們不需要出門工作，從早到晚都待在家裡，對風水所能產生的影響力，有時候甚至不輸給每天早出晚歸的主人哩！

家裡如果只住了一兩個人，卻養上三四隻寵物，人少牲多，反而對家人不利。

數目過多會生反效果

狗狗喵喵的生命力雖然有提升氣場的正面效果，但是如果數目過多，就會發生反作用。

多少算是過多？根據房子裡住的人數而定。標準的算法是：一棟住宅裡如果住了四個人，養的狗狗喵喵就最好不要超過四隻。這是因為寵物雖然具有生長之氣，但是與人相比，人屬陽，牠

們屬陰；如果房子裡寵物的數目多過人數，陰氣會重於陽氣，對‘陽宅（活人住的地方）’來說，並不是好現象。

算人數的時候，不住在家裡的家人：譬如說分居兩地的配偶、已經出嫁的女兒、住在學校的子女等等，都不能算在內。反而是住在家裡的外人：譬如說寄居的親友，租屋的房客等等，卻都要計算在內。

算寵物數量的時候，養在院子裡，不住在家裡面的動物，因為不影響家裡面的氣場，也不必算在內。

假如希望能多養寵物

愛狗愛貓的朋友，如果想多養幾隻貓狗，又希望不影響風水的話，可以考慮配對來養。一隻公狗配上一隻母狗，可以當一隻狗狗來計算。家裡如果有三個大人，養上三對狗狗，陰陽還勉強可以平衡。但是養四隻性別相同的狗，就會陰陽失衡。

那麼喵喵呢？恐怕要對愛貓的朋友說聲抱歉了。喵喵的陰氣比狗重些，像上述三個大人的情況，最好只養兩對半喵喵。而且那隻單獨沒有配對的貓，最好還要是隻雄貓。

一對夫妻最多可以養一對狗狗加上一對貓咪。再多就太超過了。

（談到性別，對於已經動過結紮手術的寵物，仍然要以原來的性別看。）

這樣說絕對不是重狗輕貓，也不是受到什麼‘貓來窮，狗來富’的影響。實在是喵喵的氣質，天生與狗狗不同。

大家都聽過‘貓有九條命’的說法，狗卻老老實實的只有一條命可以用；很多國家都有貓與鬼魂、僵屍有關的故事，狗到那裡卻都是人類的好朋友。

單身女郎養雌貓

單身女郎養雌貓，很可能會延長單身的時間，遲遲碰不見如意郎君。

如果寵物的數目比住在家裡的人數多，到底會在哪一方面發生影響？因為牽涉到雙方（人與寵物）的數目與性別，很難在這裡一一解說。不過主要的衝擊點，多半在感情與婚姻上。

最典型的一個例子，是單身女郎養雌貓。

女孩子閨中寂寞，養頭喵喵為伴，美女的懷中躺著靚貓，是多麼溫馨的形象。但是如果懷抱的是雌貓的話，要防有遲婚的傾向；如果抱的是兩隻雌貓，甚至有不婚的可能。在我為朋友調整風水的經驗中，這種案例屢見不鮮。

英國有一年風調雨順，但是金花菜的生產

量大減。政府百思不得其解，委託許多專家學者做研究，結果發現那一年結婚率特別高。因為結婚的人多，養貓的女性銳減，導致田地裡老鼠橫行，金花菜因此遭殃。

到底是結婚的人多，以致養貓的單身女性減少？還是單身女性養的貓少了，所以結婚的人數大為增加？值得深思。

主人的生肖會不會與寵物相沖

中國人有十二生肖，其中狗與龍相沖，虎（虎是貓科，十二生肖中沒有貓，所以把貓歸在虎的名下）與猴相沖，所以就有人揚言：屬龍的人不可以養狗，屬猴的人不可以養貓。

照我看，實在沒有這種顧忌的必要。理由有兩個：

第一，很多屬龍與屬狗的夫妻，屬虎與屬猴的夫妻，恩愛了一輩子，並沒有相剋的情況發生（對於相差六歲不能結婚的說法，許多命理學家都不予採信；而龍與狗，虎與猴都差六歲）。如果夫妻都不會相剋的話，那裡有寵物的影響力會大過配偶的道理？

第二，在我看風水的經驗中，並沒有屬龍的人特別不喜歡狗，或著因為養狗而招來壞運氣的情形。屬猴的人與貓之間，也沒有什麼特別相沖的傾向。

屬龍、屬猴的朋友如果愛狗愛貓，盡可以

放心去養，既不會妨礙自己的運氣，也不可能傷害到自己的愛貓愛犬。

十二生肖之中，雞和兔也是相沖的。小學算數課本中老是把雞和兔子放在同一個籠子裡，難怪把很多小孩子沖得糊裡糊塗了。（一笑）

餵食的盆子該放在那裡

住宅中有幾處地方，不適合放置寵物的食盒、水盆：

一是整個住宅的中央部位。

住宅的中宮是屋內氣場的啟動地（請看本書上冊‘調整中宮氣場’），把寵物的食盒水盆放在這個地方，不但對風水有不良影響，對小東西本身來說，也往往因為承受不住這裡的壓力，造成健康上的傷害。

各位疼愛自己寵物的朋友，一定要避開這塊地方（請參考上冊‘確定住宅的八方’裡的步驟找出中宮），以免心愛的寵物受到傷害。

還有，客廳與正式的飯廳，也不宜用來做貓狗進食的場所。不過這只對人的運氣發生影響，對貓狗來說，倒沒有什麼妨害。

穢物的放置與處理

飼養喵喵狗狗，吃、喝之外，還有拉屎撒尿的問題。在風水上，處理寵物排泄的穢物，比處理牠們的食物更需要重視小心。

為在家中‘方便’的貓狗，選擇放置貓沙或狗尿布的標準，和選擇廁所的位置一樣。倘若能放在主人命卦的四煞方，可以為主人壓煞制凶，還可以有一點風水上的小小貢獻。

凡是前述不宜放置食盆的地方，都不可以用來作為寵物排泄的場所。另外，如果把貓沙或狗尿布擺在房子的西北方或西南方，即使是主人的四煞方，也要勤於汰舊換新。

西北純陽，西南純陰，如果受到汙染，不但對家中男主人（西北）女主人（西南）不利（多半在健康，也會影響到感情），整個家運也往往會受到打擊。

讓貓狗自己找自己的窩

談過喵喵狗狗的吃喝拉撒，最後要談一談牠們睡的問題。房子裡有沒有什麼地方，是風水上最有利於牠們住的地方，可以讓牠們發育健康，活潑可愛？

這一點，恐怕不勞愛貓愛狗的朋友煩心。動物比人要更有直覺。只要讓貓狗自己去選擇睡覺的地方，牠們一定會找到對自己最有利的地方。

曾經有人問到：‘為什麼我的狗狗（或喵喵）總是長得不好？是不是這個房子的風水對牠們不好？’事實

寵物臥在自己選擇的地方，往往會睡得格外舒適香甜。

上，如果讓牠們選擇適合自己生活起居的空間，幾乎每隻貓每隻狗都能活得快快樂樂。

主人得道，寵物也跟著升天

前面提到十二生肖與狗貓的關係。由於十二生肖也與方位有關，有些人就按圖索驥，找出代表狗的戌方，又找出與戌方相合的寅午卯三個方位，認為大門開在這些方位（分別是西北、正東、正南）的房子，對狗狗最有利。

而辰與戌相沖，丑與辰相剋，所以主張大門開向東南和東北的房子，對狗狗非常不好。

根據同樣的理由，這些人認為對喵喵好的房子，大門應該開在東北，或正南，或西北。但是不能開在西南與東南。（這是用大老虎來看小貓咪的喜忌）

倒不是故意想要唱反調。只是這一類的說法，實在有些庸人自擾。

想要找一個價錢合適，風水不差，又能合於主人命卦的房子，已經非常不容易；如果還要考慮到愛貓、愛犬、愛蛇、愛鼠，買房子恐怕比登天還難！

如果您為這個煩惱，實在是沒有必要。只要風水對主人有利，寵物也會跟著沾光；風水對家人不好，寵物也不可能獨蒙其利。

古人說得好：‘一人得道，雞犬升天’。

除了貓狗兔之外，寵物豬也開始風行，養鼠、養蛇的更是大有人在。這些動物都在十二生肖中榜上有名，按照地支五行相合與相沖、相剋的想法，都能找出有利與不利的門向。一個家庭裡如果養了這些不同的寵物，大門真不知如何開才好。

老天爺加持的風水三寶

作為一位風水諮詢師，我經常會被問到有關風水吉祥物的問題。

朋友們的這種心理不難理解：住宅如果有煞氣，當然希望能藉吉祥物來解煞、化煞。就算沒有煞氣，也希望能藉吉祥物來招吉納祥。

問題是，世界上到底有沒有這麼‘夠力’的寶物，肯定能為房屋的風水加分？確實有！這裡要介紹各位三件最有效的風水吉祥物，由老天爺親臨加持、親手開光，有些還免費送到府上，連運費都不收。

這三件寶如果運用得當，雖然不敢説能扭轉乾坤、化禍為福，但是絕對會減低凶氣的損害程度、增強吉氣的致福力量，比花大錢買來的水晶玉石一點都不遑多讓！

第一寶：適度的陽光

風水的基礎建立在陰陽上。

各位在聊齋上一定看過，妖狐孽鬼都是夜半對著月亮吐納煉丹；因為狐鬼是陰物，必須藉號稱太陰的月亮得陰氣。

以人來説，往生者為陰，所以墳地稱做陰宅；活著的人屬於陽，所以住的地方稱陽宅。陽宅最需要的氣當然是陽氣。

世界上最有能力提供陽氣的，可以說莫過於太陽了。所以一棟房屋有沒有充分的陽光，是決定風水的重要因素。

» 客廳與飯廳最需要敞亮

同一棟房屋裡的不同房間，會因為用途不同，對陽光的需求也不一樣。其中以客廳與飯廳對陽光的需求量最大。除非有西曬的問題，否則白天最好能把這兩個部位的窗簾拉開，讓陽光有機會走進屋子裡來。

有很多人因為白天家裡唱空城計，顧慮到安全問題，不願意拉開窗簾，以致把能帶來好運的陽光也排拒在門外。像這種情形，應該考慮使用薄紗窗簾，或者是百葉窗，能阻擋人的視線，但是不妨礙陽光的進入。

也有很多人由於早出晚歸，從來沒有想到要把窗簾拉開；認為反正沒有人在家，光線好不好無所謂。結果家裡整天陰氣沉沉，即使有再好的風水佈局，由於缺乏陽光啟動的緣故，無法發生作用。

客廳明亮能夠提升家運。由於陽氣足，不僅有利於家長的人際關係，家裡的小朋友也會長得活潑可愛。

客廳陰暗，主人往往在人際關係上施展不開。會感覺人生的路程上遇到的全是小人，貴人連影子也看不到。

陰暗的飯廳，則會造成主人財運塞滯，破財的機會遠超過進財。

如果讀者諸君感覺自己也有如上所述的壞運氣，不妨仔細檢查家裡的客廳、飯廳，是不是有光線不夠的問題。

» 臥室對光線的需要因人而異

風水書有'明廳暗室'的說法。意思是：廳堂要明亮，臥室要幽靜。有人因此就門窗緊閉，把臥室弄得像暗室一樣。這是錯誤的作法。

明廳暗室這句話，應該是給建築師看的，請他們在規劃房間的時候，把光線最亮的地方拿來做客廳。萬一沒有注意到這一點，結果臥室的光線比客廳的光線還要亮，就只有藉窗簾來降低臥室的明亮度。

但是這並不表示臥室就不需要陽光。經過人一夜酣睡之後，臥室裡累積了相當多的陰氣與濁氣，如果白天不能藉陽光取得陰陽交替的機會，陰濁之氣會越積越多，對臥室的主人造成不良影響。

臥室的窗戶如果沒有窗簾，無法調整光線的亮度，一天裡面很可能會有比客廳還要亮的時候。

老年人因為走在生命力減緩的軌跡上，對於陽氣的需求比較少，受到的影響也比較小。但是對於壯年人、青少年或者兒童來說，臥室裡的陽氣不足，就很不利了。

終日陰暗的臥室，會破壞青、少年身心兩方面的發育，會打擊中、壯年的雄心與幹勁，絕對輕忽不得。

媽媽們，愛妳的孩子，請常常替他們打開臥室的窗簾，讓陽光有機會走進孩子的房間。

» 西曬的廚房要隔絕陽光

宋朝的王安石寫過一首詩：‘春日春風有時好，春日春風有時惡；不得春風花不開，花開又被風吹落。’世間的事，有利往往就會有弊。陽光雖然是住宅風水的第一寶，碰到家裡廚房在西邊的時候，這個寶就變成了禍害。

西曬的日光熱力特強，一方面會在廚房原有的‘火氣’上火上加油，一方面也使食物容易腐敗，所以古代風水家把西方看作不宜做廚房的方位。現代人有冰箱，雖然解決了食物貯存的問題，但是廚房太熱，到底不是好事。

家中如果有西曬的廚房，到了下午最好把窗簾放下來遮住陽光。尤其是炎熱的夏天，在別處被當作風水貴人看的太陽，在這裡要當流氓對待，拒絕讓它進到廚房裡來。

第二寶：新鮮的空氣

空氣流通才能有‘風’

風水之所以被稱作‘風水’，而且‘風’還在‘水’的前面，就是因為風（氣的流動）是決定風水好壞的最大因素。

如果門窗緊閉，室內的空氣根本

不流動，自然沒有'風'可言。整個屋子裡的氣，長時期停滯不動，就如同一池死水，會成為住宅風水的大缺點。

現代的人家中多半都有空調(A/C)，即使門窗緊閉，室內的空氣一樣在流動，表面上看，應該不會有問題；但是室內的空氣，往往只是循環使用，並沒有新鮮空氣加進來。

這就好像在與外界隔絕的水池中放了一個馬達一樣，雖然能使池水不停轉動，終究還是一灘死水；與不斷有活水注入的池塘，根本無法相提並論。

想要風水好，應該早上起來就把臥室的窗戶打開，讓室內室外的空氣能陰陽交替。平常如果有機會，也要開窗戶，接受新鮮空氣。

新鮮空氣不但有助於家人身體的健康，也有助於住宅風水的健康。

» 開門、開窗，切忌穿堂風

不過開門開窗的時候要注意，千萬不要引起穿堂風。

什麼叫穿堂風？很多人把穿堂風與穿心煞混為一談，其實兩者並不完全相同。

穿心煞是指住宅的前門與後門在同一條線上，中間毫無阻擋；也就是說，站在前門往裡看，正好面對著後門。在這種情況下，前門進來的氣，直穿過整個房屋，從後門出去；正像一枝箭，前心進、後心出，所以叫穿心煞。

有關穿心煞，請參考本書第8頁的圖解說明。

至於穿堂風，其實就是對流風。譬如說，房子的東邊有一面窗，西邊也有一面窗（兩面窗不一定要正對），如果把這扇門與這面窗同時打開，風會呼嘯著從一邊進來，從另一邊出去，這種風，就叫穿堂風。

會引起這種對流風的，可能是一東一西的兩扇門，可能是一南一北兩扇窗，也可能是一門一窗。彼此間不一定要直線相對，甚至很可能不在同一個房間裡。

會不會造成穿堂風，又往往與外界的氣流有關。有風的日子，穿堂風會特別明顯。沒有風的日子，很可能就沒什麼感覺。

» 穿堂風是小號的風水殺手

風水的最高指導原則是'藏風聚氣'，如果房屋裡進來了穿堂風，會把原來蓄積的吉氣吹亂吹散，以致主人做什麼事都不能順遂如意。所以穿堂風雖然不同於惡名昭彰的穿心煞，但是同樣屬於破壞力很強的風水殺手。

為了避免引起穿堂風，盡可能同一時間只開同一方向的門窗。如果開房間窗戶的時候，能夠把房門關起來，風就不會有機會在屋子裡亂竄。

請記住：家中只要新鮮空氣，不要穿堂殺手！感覺風太大的時候，應該要把門窗關起來。

第三寶：潔淨的水

» 淨水是財，污水是災

在風水上，水確實支配著財運，但不一定有水就有財。好水固然能帶來錢財，惡水則會招引破財的災厄。

什麼是好水？什麼是惡水？

大自然中的水（海、湖、河、塘）究竟是好是惡，不能概括論斷；與水的形狀、位置、流向、速度都有關係。這些水對住宅發生的吉凶影響，甚至還會因為時間不同而有所改變。房屋裡面的水就單純多了；基本上來說：乾淨的水就是好水，骯髒的水就是惡水。

現代化的城市都用自來水，水龍頭一開，乾淨的水就源源而來。就風水上來說，這正是財源不斷的象徵；難怪現代人的物質享受，比古人要好得多。

» 漏掉好水會漏財

家裡的水管破裂、水龍頭關不緊，或者抽水馬桶漏水，造成乾淨的水未經使用就白白流走，顯示財運會變差：預計該進來的錢，無法落袋；沒有想到的開銷，卻大把大把的銀子往外掏。遇到這種情形，趕快找人修理。時間拖得越久，損失越大。

既然漏水會漏財，浪費水當然也就

浪費財。所以節約用水不但能節省地球資源，同時也保障了自己的財運。

積在家裡的髒水會帶來災禍

家裡怎麼會有髒水呢？

排水管或者下水道不通，以致用過的廢水無法立即排除，結果蓄積在家裡。水槽裡泡了髒碗盤、洗衣機裡泡了髒衣服，沒有能及時處理。這些都是家裡的髒水。

髒水非但不是財，還會變成屋子裡面招災惹禍的煞氣。

乾淨的水積存久了，也會變質。譬如說，原先養魚的魚缸，魚不養了，捨不得把魚缸丟掉，卻還留了一缸沒有馬達帶動循環的水在裡面；日子久了，也會成為麻煩。

請各位一定要打破水就是財的迷思。不乾淨的水、不流動的水、放錯位置的水，對於住在房子裡的人有百害而無一利，只生災，不生財。

生命之源也是風水之源

日光、空氣、水是孕育生命的三大要件，也是陽宅風水的三大要件。對風水有興趣，想要自己調整住宅風水的朋友，應該要善加利用！

室內植物與風水

　　植物具有生長力；在屋裡放置鮮花或者盆栽，對活潑氣場很有幫助。如果善於利用，在調整風水上的效果遠勝很多沒有靈氣的物品，稱之為風水吉祥物並不為過。

　　不過假如挑選的植物種類不對，或者放錯了位置，就會帶來反效果，不可不知。

寸有所長，尺有所短

　　就五行來說，只要是植物，都屬於‘木’。不過大型的盆栽為陽木；小型盆栽，尤其是會開花的小盆栽，為陰木。兩者的功能並不完全相同。

　　如果需要大量提升木氣，當然大型盆栽的力量比較強；但是小盆栽也有小盆栽的用處。

　　舉個例子來說：

　　一個人想要在事業上有發展，最好能增強生氣方的氣場。生氣方是貪狼木星所在的位置，如果在這裡放置一個大型盆栽，能提升貪狼木星的氣勢，幫助自己的事業發展。

　　但是對艮命人來說，就不是這麼單純了。艮命人的生氣方在西南；西

大型盆栽一般來說最好放在主人的生氣方。不過也有例外，不能一概而論。

能開花結果，或者葉子會變色的小型植物，不但能活潑生氣方，同時沒有傷害土的顧慮。

南在八卦中屬於坤卦，屬土。如果在這裡放置大型盆栽，強旺的木氣會破壞西南方的土氣，對家中的女主人不利。

這時候就只有放小型盆栽。小型盆栽的木性柔和，沒有斲傷坤土的顧慮；但是只要能把它照顧得枝繁葉茂，一樣可以使生氣方的氣場活躍生動。

古人說：寸有所長，尺有所短。在某些情況下，小盆栽確實有大盆栽所不能取代的效力。

寬葉比細葉好

葉子寬大的植物，招財的力量也比較強。

放在室內的盆栽，無論大小，都要選寬葉。葉子寬大的植物能招旺氣，比葉子細碎的植物效力大得多；葉子圓或近圓，又比細長的要好。

倘若植物的葉子尖銳如針，有時候反而會造成煞氣，不適合養在室內。像仙人掌、玫瑰、薔薇等，種在室外可以擋房屋外面的煞氣，放在屋裡就大不相宜了。

攀附在別的東西上生長的爬藤類植物，陰氣過重，連院子裡都不宜多種；放在室內，對氣場會造成負面影響，更要避免才好。

開花的植物要注意花的顏色

在風水上用會開花的盆栽，還要注意花的顏色。

一般紅、紫、粉色的花，五行屬火；盆栽本身屬木，木生火旺，火的力量不容忽視。如果再加上花朵個兒大，或者花雖小但繁多，都會增加火的氣勢，不能純當木行來看。

花花世界，五顏六色，每種顏色對氣場會發生不同的影響，需要辨認清楚。

開白色、黃色花的盆栽，在開花期間，還會產生一些金行（白花）與土行（黃花）的效應。

鮮花與愛情

鮮花具有招來愛情的魔力。在自己的愛情熱點上插鮮花，持之以恆，能催發愛情運。對於已經有對象，或正在熱戀中的人來說，保持這裡的鮮花，更有維持愛情的功效。

在愛情熱點上放鮮花，是純感情方面的訴求，對已婚的人並不合適。想要婚姻生活美滿幸福，除了感情之外，更需要有理性的約束。如果過分點燃內心對愛情狂熱的期盼，容易招

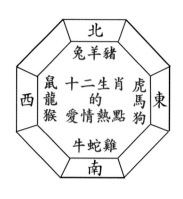

來婚外情，不是婚姻之幸。

希望知道自己的愛情熱點在那裡嗎?先要知道自己的生肖。

牛、蛇、雞三種生肖，在正南；兔、羊、豬三種生肖，在正北；鼠、龍、猴三種生肖，在正西；虎、馬、狗三種生肖，在正東。

不適合放盆栽的方位

住宅裡有幾個方位，不適合放大型盆栽。

第一是中宮，也就是住宅的中心位置。

中宮是氣場的啟動地，在五行中屬土，最忌強旺的木氣來剋；家中如果有大型盆栽，最好不要放在這裡，以免無意中剋制了家運。

第二是西南與東北。

這兩個方位也屬土，所以同樣忌諱過分強旺的木氣。西南方的木氣太旺，不單對家中女主人不利，也容易導致夫妻關係不協調。東北方的木氣太強，既影響學習能力，同時也不利家中的幼子。

第三是西北方。

西北屬金，放大型盆栽有可能因為金木相沖剋，引起氣場的動盪不安，破壞自己的貴人運。由於西北屬於乾卦，慎防會影響到家中男主人的事業與健康。

如果為了某些原因，需要加強以上這些方位的木氣，只有選用小型盆栽。在西北方，還要避免會開紅花的盆栽。

像上圖這樣的小盆栽，即使放在西北方也無妨。

最適合放盆栽的方位

東方屬木、南方屬火，在這兩個地方放置大型盆栽可以旺方位之氣。

東方的氣場能刺激創作能力，帶動人的衝勁；南方的氣場能增強判斷力，具有承擔重責大任的勇氣。倘若自覺在這幾方面有待加強，不妨借重盆栽在風水上的特殊功效。

東南也屬木；不過這裡需要的是柔性的木氣。常常經手錢財，或者想要有良好人際關係的人，在這個方位放置青翠可愛的小盆栽，像發財樹、幸運竹、黃金葛之類，會很有幫助。能開花結果的小盆效果更好。

不適合放植物的房間

除了要注意方位之外，房間的用途也要注意。某些房間並不適合放置植物。

譬如說，臥室就不宜有盆栽或鮮花。

在臥室放植物，不利主人的健康與運氣。有人在床的兩邊各放一盆盆栽，就風水來說，實在錯得有些離譜。放鮮花也沒有好處；單身還好，已婚的人容易招來感情糾紛，甚至引起不倫之戀。

還有廚房，不宜放置大型植物，免得火氣過旺，招災惹禍。

浴室、廁所裡面能不能放植物？這是一個見仁見智的問題。

風水有利於主人的房子，浴廁位在凶方，正好可以用來壓災制煞。如果在這裡放植物，木的生長之氣有可能助長凶氣，所以被認為是不適合放置植物的地方。

倘若浴廁剛好建在主人的吉方，風水對主人不利。在這裡放置一盆小型植物，倒可能會產生一點化煞生吉的功效。

最適合放盆栽的房間

什麼地方最適合放盆栽呢？玄關、客廳、飯廳與書房。（當然，還是需要先辨明方位是不是可行。）

在玄關、客廳放大型盆栽，能助長家運，使日益興旺。

在飯廳放盆栽，對全家的財運都能發生效用；如果能放一兩株會結果子的樹（譬如咖啡豆、小橘子、金棗、愛玉子、桑葚、西印度櫻桃等等），會更為有效。可以衡量面積的大小來決定植物的大小。

書房裡面，一般人最喜歡放的是富貴竹。四根富貴竹放在水杯或水盆裡，正好合於風水上的'一白配四綠，官星照文昌'，富貴竹直挺如筆，又具有節節高升的好兆頭，無論對事業或學業，都能有相當的助益。

不過現在一般市場、花店裡賣的富貴竹，常常被扭曲成各種形狀（見右圖）。

經過人工彎曲的富貴竹，看起來雖然別出心裁，很有創意，但是被扭曲之後，會減損挺直向上的氣勢；想要放在書房裡取文昌氣，還是選購具有筆直本色的好。

橫樑下的盆栽

另外一個適合放盆栽的地方，位於橫樑的正下方。

住宅裡的橫樑，是風水上的大麻煩。這下面又不能坐，又不能臥；睡床、桌、椅都不適合放在正下方。

但是如果在橫樑的下方放盆栽（最好是兩頭各放一盆），就可以利用植物向上生長的力量，來抗衡橫樑製造的下壓的煞氣，可以看作是比較有效的化解法。

（不過就算這麼做了，還是應該要避免長期在橫樑下方坐、臥、活動。）

枯黃的植物會變成煞氣

　　有資格稱作風水吉祥物的植物，一定要生氣勃勃；一旦枯萎凋謝，不但不能招吉，反而會因為本身的死氣破壞家裡的吉氣。所以看到枯黃的葉子，一定要馬上修剪；敗謝的花朵也應該立刻清除。

　　假如沒有把握能好好照顧盆栽，最好不要自找麻煩！

花朵怒放的時候，能增強住宅風水的氣場，為主人帶來蓬勃朝氣。但是一旦凋謝零落，會帶來死亡的氣息，成為風水殺手。

風水吉祥物

　　住宅風水，首重外在環境，其次大門，再其次為房子裡面的格局。

　　不過外在環境往往不在自己的控制之中，大門與房間格局要改變有時候也相當困難（譬如說，租來的房子就不能隨意更改。）。最輕而易舉的就是安放風水吉祥物，雖然不能收旋乾轉坤、徹底改變風水的效果，但是既容易購買，又能直接影響室內氣場，有些甚至號稱在短時間內就可以發生影響力，所以頗為風行。

　　這裡介紹一些常見的風水吉祥物與它們的用途、用法。（很多風水界的朋友稱這些吉祥物為‘法器’，需要經過開光、加持、過火等等手續，才生效果。不過我們在這裡談的只是單純的‘吉祥物’，並不涉及‘法器’。）

葫蘆

　　葫蘆被當作風水吉祥物，有三個原因。

　　第一、它的名字好聽：‘葫蘆’與‘福祿’聲音相近；‘家有葫蘆’聽起來就像‘家有福祿’。華人最喜歡的福祿壽喜財五喜中，已經佔了兩喜，真是好口彩。

　　第二、它的外形好。風水最忌直進直出，最喜歡迂迴環繞；葫蘆上下都呈弧形，所以能化煞氣，生吉氣。

在大門口掛個葫蘆，可以化外來的煞氣，比用八卦鏡把煞氣反射回去的方法要平和。在車子裡掛個小葫蘆，也有保平安的作用。

第三，它能藏氣、納氣。能收納住宅裡的污穢之氣，減少家人的災厄病痛。如果家人生病，在床邊掛一個葫蘆能有調整氣場的功效，病會好得快些。假如家裡有人體質虛弱，掛葫蘆也能有助於身體健康。

如果是為了減少病痛而掛葫蘆，要記得把葫蘆的蓋子拔掉。每隔十天半個月，最好還能放在陽光底下曬一曬。

就這個用途來說，樹上結的葫蘆瓜晒乾了製成的天然葫蘆最有效。其他像陶製葫蘆、水晶葫蘆、銅鑄葫蘆等等，效果要差些。

八卦鏡

八卦鏡在風水上的最大用途，是用來擋大門外的形煞，只能放在屋外，絕對不可以掛在家中。

八卦鏡有八卦凹鏡與八卦凸鏡兩種，作用稍有不同。

有人認為凹鏡應該與先天八卦相配，專門用來鎮災制煞；凸鏡應該與後天八卦相配，專門用來祈福納祥。不過一般人根本無法分辨先天八卦與後天八卦的不同；我就在

八卦鏡在風水上有特殊效應，千萬不要掛在牆壁上當作裝飾品。

市面上看到過很多後天八卦凹鏡。

比較起來，凹鏡有倒反的作用，會把外來的煞氣反轉之後送出去；比起會放大煞氣的凸鏡，要平和得多。尤其如果形煞是來自對面的住家，用八卦凹鏡可以護己而不傷人，是比較厚道的擋煞方法。

風鈴

風鈴也有調整氣場的作用。但是因為質料不同，掛的地方也不一樣。

» 金屬風鈴的作用力最大

最有力量的風鈴，是金屬製，多為銅管、鐵管或鋁管。

如果房子的西北部分凹陷，對男主人不利。在房外的屋簷下掛一個金屬風鈴，可以提升這裡的氣場，是最好的補氣方法。

掛在西方也不錯；悅耳的風鈴聲，可以為全家帶來歡悅的氣氛。

§ 注意事項

因為金有洩土的作用，常常有人用金屬風鈴來化解流年五黃煞。不過遇到五黃煞，宜靜不宜動；金屬風鈴的聲音清脆響亮，到底會化煞？還是會激起煞氣？不無疑問。各位如果想用風鈴化煞，請三思。

如果想藉金屬的風鈴化煞，朝向西北或朝向西方的大門外倒是可以掛一個風鈴，用來阻擋外來的形煞。既是用來擋煞，進出的時候最好順手碰它一下，讓風鈴在無風的日子也能發出聲響。風鈴如果無聲，擋煞的作用不大。

其實金屬風鈴的聲音不但能擋煞，還具有強大的抗陰的能力。很多陰氣過盛的住宅，經過風鈴聲的洗禮之後，得到淨化的效果。

» 竹製風鈴的效果比較差

東方、東南方因為不喜金聲剋伐，不宜掛金屬風鈴。如果想要藉聲音鼓動這裡的氣場，就只有懸掛竹製的風鈴。

不過竹製風鈴所能發出的聲音，遠不如金屬風鈴清脆；東方與東南這兩個方位，也不像西方與西北那樣對聲音敏感。因為這兩個原因，竹製風鈴用在風水上的效果有限。

» 家中不宜掛風鈴的地方

住宅裡面有些地方是不適合掛風鈴的：

風鈴如果掛在家中的鬼線上（從住宅的正東北劃一條線，到對角的正西南方，為鬼線），有人認為它所發出的聲音會招陰。所以掛風鈴的時候，最好能避開這條線。

此外，臥室的氣場喜靜不喜動，不宜掛風鈴；廚房有火氣、浴廁有穢氣，鈴聲會激發這些凶氣，自然也要列入不宜掛風鈴的名單中。

銅鈴

銅鈴與金屬風鈴的作用差不多，都是以聲音取勝。不過銅鈴以往只有法師作法的時候才用，嚴格說起來，應該屬於法器。

目前在坊間流行的風水銅鈴，有與元寶掛在一起的，稱作招財銅鈴，掛在大門的入口，取‘入門見財’的兆頭。有好幾個銅鈴聯成一串的，稱作開運銅鈴，據說可以化煞氣、招好運。也有與獅咬劍串在一起的，據說可以避邪氣、保平安。

無論上述那一種銅鈴，不能發出聲響的話作用不大。不過銅鈴不像風鈴會隨風叮噹，倘若沒有人懂得用它，會響與不會響，恐怕也差不了多少。

洞簫

洞簫是樂器；恐怕很少人會想到，它也可以用來做風水吉祥物。

用途之一是用來化煞。洞簫有六孔、八孔兩種；用在風水上，兩者沒有什麼不同。重要的是底部的兩個小孔，稱作鳳眼。據說煞氣從正面的孔進入簫中，再從鳳眼出來時，凶性就已經大為削弱。

洞簫還能催發桃花。在洞簫上纏上紅色絲線或綢布，插在臥室的花瓶裡，瓶底下壓著硃砂寫的本人生辰八字，據說有助於早遇良緣。

纏上紅色絲帶的洞簫，放在睡床旁邊的花瓶裡，有催發良緣的效果。不過花瓶裡千萬不要放水，以免良緣落水而化。

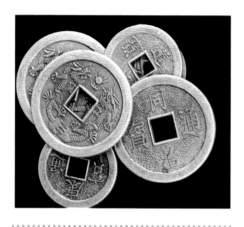

五帝錢

最後再談談近代非常流行的兩種風水用品：五帝錢與山海鎮。

什麼是五帝錢？指清朝順治、康熙、雍正、乾隆、嘉慶五位帝王在世時所鑄造的錢幣。這些錢製造於太平盛世（因此具備了天氣），同時需要在市面上廣經人手（以得人氣），又在地下深埋數年（以得地氣），才能合格。

五帝錢能有什麼樣的效力？據說：放在大門門檻下面，可以擋屋外的形煞；放在口袋裡可以保平安；放在廁所門下面，可以防穢氣外流；放在無靠的沙發背後可以穩住氣場、形成靠山；萬一大門對著向下的樓梯，放在樓梯口可以阻擋財氣下洩；掛在風水吉祥物上，可以增強吉氣；藏在天花板上，可以廣招財氣…。

不過五帝錢雖然在傳說中用途廣泛，但顯然是清朝中葉之後才新興的風水吉祥物，典籍上有關的記載不多。是不是能有這樣的效力，不敢斷言。

更何況現在能找到的五帝錢，有多少真是五帝時代的錢幣？有多少經過眾人之手？有多少曾經埋於地下？如果不能聚天地人三氣，能在風水上發生什麼作用，更讓人懷疑。

五帝錢在風水上的效力，據說來自於天、地、人三氣。

五帝時國泰民安、國運昌隆，所以具有良好的天氣；多數的五帝銅錢都曾經埋藏在地底下，所以沾有相當的地氣；由於年代久遠，五帝錢經過無數人的使用，自然得到了許多的人氣。

山海鎮

　　山海鎮是古早時台灣常見的門楣辟邪物之一，屬於風水上的制煞工具，也源起於清代。根據"繪圖魯班經"上的說法，凡是大門面對巷道、門、路、橋樑、山峰、土堆、鎗柱、船埠等等煞氣，都能靠山海鎮來壓制。

　　山海鎮的質料有鏡子與木牌兩種，形狀有方形與圓形。上頭畫了山、海，兩邊寫著'我家如山海，他做我無妨'的字樣，意思是：我家住宅如自然之山水，任何煞氣都無法對我造成傷害。同時圖上還畫有八卦、日月、南斗、北斗、九星、符令等等。

　　據說山海鎮必需要經過請神、開光等等手續，才能見功效。作者小時候住在台灣還很少見到；這幾年返台，雖然不能說觸目皆是，但確實比以往多得多了。

山海鎮原是用來對付住宅外面煞氣的風水器物。

後來上面書寫的字句漸漸變成了如左圖上的：我家如山海，對我正生財。
以及左圖下的：我家如山海，山高檔千災，海深納萬財，對我來生財。
表示屋外的煞氣不僅無法對我造成傷害，還會為我帶來財富；從化煞更進一步的要求化凶為福。

風水吉祥物的轉化過程，大多是如此：原來只希望消災，後來更祈求能得福，而且最好能得到實質上的財富。

風水動物擺設

龍

龍是我國排名第一的瑞獸。因為屬於四靈（青龍、白虎、朱雀、玄武）之一，也成為重要的風水吉祥物。

具有風水擺設作用的龍，顏色與擺放的位置，需要根據使用者的目的而有所不同：

龍代表的是東方；如果住宅的東方凹陷，想要補足這裡的氣場能量，可以把青龍放在這個部位，以加強氣勢。龍又代表房屋的左邊；如果住宅左邊的地勢比右邊低，或者左邊是空地，就該把青龍放在左邊，以彌補不足。

用來增強氣勢的龍，需要是木雕的青龍才有效。如果家裡有魚缸，把木雕的青龍放在旁邊，頭朝魚缸，還有旺財的效果。

龍喜歡戲水。如果屋外有江有河，或者近湖靠海，應該把龍放在靠水的窗口，頭朝水的方向，可以為主人汲水引財。

不過這個窗口必需在客廳、飯廳、書房或工作室，才能這麼做；如果在廚房、廁所、或者煞氣之地，可就大大不宜。

用來引財的龍，質料與顏色最好能根據放置的方位而定，總要五行相生才好。屋外的水，也需要是乾淨的活水；倘若是臭水溝或者污水塘的水，不引也罷！

在十二生肖中，龍與猴、鼠相親，與狗相沖，所以很多人認為屬猴屬鼠的人最適合在家中放龍作為風水擺設，但是對屬狗的人卻有害無益。很有趣的是，命理中代表龍的'辰'會自刑，也就是龍會對龍不利，所以屬龍的朋友在家中拿龍做擺設的話，不見得合適。

龜

烏龜在中國古代地位相當高。古人認為龜有靈氣，所以拿龜殼占卜，以定國家大事的吉凶；甲骨文就是寫在牛骨龜甲上的卜辭。

烏龜不但是古代四大吉獸（龍、鳳、龜、麟）之一，在風水四靈（青龍、白虎、朱雀、玄武）中也佔有一席之地。

在陽台、大門或者前後庭院放石龜，可以消解外來的形煞。用龜來化煞，最好把龜殼朝向煞氣，而不要讓烏龜的頭部向煞。

如果住宅背後無靠，或者地勢低陷，在後院擺一個大石龜或銅龜，不但能部分彌補這

蘇州名苑中的石龜，盤據在清淺的水池裡。

方面的缺憾，同時還能收旺丁的效果。

放在室內的龜，多半是銅龜，取長壽吉祥之意。如果家中有老人，在房間裡擺個銅龜，可以袪病延年、福壽綿綿。

龍龜

龍龜的長相非常特殊，龍頭龜身，兼具龍與龜兩者的特性：既有強大的招祥能力（龍），又有堅韌的避煞效果（龜）。傳說中龍生九子，龍龜就是其中之一。

在風水上，倘若兩家的大門與大門相對，或者屋內兩間臥房有門對門的情況，放個龍龜可以化解由於兩門相沖而引起的惡氣。

凡是從事公共關係、大眾傳播、或者任何需要與人交往的行業的人，都可以藉龍龜的靈氣改進自己的人際關係。消極方面避開小人的嫉害，積極方面得到貴人的提攜，是非常有用的招吉物。

命中容易犯官非、惹訟事的人，在辦公桌上放個龍龜，龍頭朝外，也有護主的效果，可以減少這方面的煩惱。

不過目前坊間出售的龍龜造型（左圖），多半

一般用來避煞的龍龜，需要頭朝煞氣，才能化煞。

不過像下圖的龍龜，腳踩銅錢，全身金光閃閃，主要作用是招財。擺放的時候需要對著自己，才能把財招進自己的口袋來。

腳下踩著重重疊疊的銅錢，成為大家心目中專管生財的吉祥物。很多人把龍龜與聚寶盆放在一起，放在財位上，希望能提升自己的財運。（這種龍龜，就需要頭朝自己，才能向自己生財。與藉以避煞的龍龜，擺法不同。）

還有一種龍龜，龜殼是一個活動的蓋子，打開以後可以在裡面放五色線、七寶石，或者放米粒、茶葉。據說經過廟裡的菩薩加持、或者大師開光，招財的能力特強。

貔貅（又名辟邪、天祿）

龍生九子，貔貅據說是其中之一，長得頭像龍，身體像馬，腳像麒麟。道教傳說天上有一位豁落靈官王，麾下就有百萬貔貅，每天帶著牠們巡邏天界，專抓妖魔鬼怪、清除各種瘟疫疾病，以維持天界的安寧。

貔貅既有捉妖驅邪的能力，所以又名辟邪，民間常常用來做鎮宅制煞的神器。

居說貔貅尤其能制陰煞。古人如果住家靠近墳場，或者懷疑家裡不太乾淨，往往都要藉助貔貅的力量來鎮壓，當作家中的守護神。

如果希望藉貔貅來鎮宅制煞，應該放在靠

牠專吃金銀財寶，而且沒有肛門，只進不出，具有聚寶盆的功效。難怪成為賭場老闆的最愛。

近大門的地方，頭臉朝外。

不過現代人拿貔貅當風水擺設，目的在於進財的多，在於辟邪的少。傳說貔貅專吃金銀財寶，所以一身寶氣；而且因為沒有肛門，只進不出，成為最有效的吸財工具。

早期只有賭場或者某些特殊營業場所才會供貔貅，希望能藉此吸乾客人的荷包。現在的人對錢財的需求比較大，有特殊找錢技能的貔貅，因此成為非常大眾化的進財風水擺設。

據說坊間賣的貔貅不但有公母之分，還出了一種霸王貔貅，宣稱需要三位一體才能發生效果。這種作法，倒確實能為出售貔貅的商家增加不少生意。或許不久之後，還會有女霸王貔貅的出現，以便成雙配對，為主人繁殖許多小霸王貔貅。

貔貅近年越來越流行，有關的傳說也越來越多；其中有些很有意思。譬如說：貔貅在開光之後，會效忠第一眼看到的人，所以在拿開眼罩的時候，不能有第三者在旁（聽起來很像莎士比亞的"仲夏夜之夢"的劇情）；又忌外人碰觸，萬一被別人摸過之後，財氣會被別人吸走（這麼說來，與其自己供貔貅，就不如到處去摸別人的貔貅，效力又大又快）。

一般招財吉祥物都需要放在財位上，但是貔貅的作用不在於強旺主人的財運，而是到外面隨處找財，所以需要面對大門，以便出入。為了避免外人碰觸，位置更是越高越好。

金蟾蜍

蟾蜍俗稱癩蛤蟆，貌醜而有毒（與蛇、蠍子、蜈蚣、壁虎合稱五毒），本來很不受歡迎。但是傳說得到金蟾蜍的人會成為大富翁，所以成為人人嚮往的神物。

民間傳說‘劉海戲金蟾’中號稱散財童子的劉海（這位先生與呂洞賓、鍾離權、王玄甫、王重陽四人合稱全真北五祖，在道教的地位非同小可），據說就是因為得到金蟾所以成為巨富。

這個故事曾經成為台灣九十三年（2004年）大學入學考試的作文試題（沒有題目，只有一幅圖畫，類似看圖說故事），所以流傳更廣。由於故事中的金蟾折斷了一隻腳，所以用做風水吉祥物的金蟾只有三隻腳。如果買到四隻腳的金蟾，要當冒牌貨看。

八寶麒麟

八寶麒麟一定成對出現（見前頁）。每隻麒麟都是五色具全（代表五行的青、紅、黃、白、黑），一腳踩一寶，兩隻麒麟正好踩滿八寶，象徵招八方之財。

坊間賣的八寶麒麟不但腳踩八寶，同時或者身披五帝錢，或者兩邊掛著葫蘆，嘴裡還咬著招財符，可以說用盡了招財的能事！

金蟾蜍與八寶麒麟都需要放在財位上，而且最好能面向著自己經常坐臥的地方，才能發生‘對我生財’的作用。

馬

馬一直是國人心目中代表吉祥的動物。

讚美一個人體魄強健，用‘龍馬精神’；祝福一個人辦事順利，用‘馬到成功’；表示追隨的意願，用‘馬首是瞻’；誇獎一個人的想像力豐富，用‘天馬行空’；形容時間之快速，用‘白駒過隙’。連討好上司，都叫做‘拍馬屁’！坊間還可以看到一種馬的塑像，背上揹著金銀財寶，叫做‘馬上有錢’，聽了就讓人歡喜。

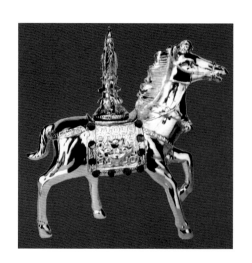

家裡放幾匹奔馳的駿馬雕像或畫像，感覺上就能增加生旺之氣。不過為

了使馬的效用更加顯著，許多風水家都建議把馬放在主人的驛馬位或者財位上，前者利於職務上的升遷，後者利於進財。（也可以放在流年風水上的驛馬位或者財位，不過每年要換地方，比較費事。）

用馬做為風水擺設，需要注意幾件事：

第一，在形態上，最好是昂首揚蹄，或者放足奔騰的樣子。低頭吃草的馬，強旺氣場的作用不大。

第二，在數目上，最喜歡六匹。因為六與祿諧音，六匹馬正合‘祿馬交馳’的好口彩，象徵能夠名利雙收。最忌五匹，免得招來‘五馬分屍’的禍端。

第三，放置的時候要注意馬頭的方向。放在財位上的馬，頭一定要朝內，才能把錢財駄進家裡來。放在驛馬位的馬，頭必需要朝外，才有機會放足奔馳，一展長才。

在十二生肖中，馬與虎、狗相親，與鼠相沖，所以很多人認為屬虎屬狗的人最適合在家中放馬作為風水擺設，但是對屬鼠的人卻有害無益。

前面提到過：屬龍的人並不一定適合以龍為擺設；馬也一樣。代表馬的地支是午，午會自刑，所以屬馬的朋友在家中擺馬，未必全然有利！

象

古代有大舜孝感動天，派神象來幫忙耕田的故事，所以屬於瑞獸。因為‘象’與吉祥的‘祥’字諧音，古人很喜歡把大象與如意畫在一起，象徵‘吉祥如意’的好兆頭。

由於氣候變遷，古代在中原還看得到的大象、犀牛這些動物，已經不見於中國，所以把大象認真看作風水吉祥物的國人不多。

到是馬來西亞，有一家生意極旺的Sunway Lagoon Resort酒店，門口就有兩隻大象分站左右（見上圖）。從整體環境來看（聽說擁有酒店的財團，也擁有周邊的許多其他生意），這兩隻大象確實能為店主招財，應該是某位風水大師的得意之作。

公雞

相信很少人會把公雞與風水聯想在一起。但是確實有不少人用公雞化解風水上的煞氣，而且能化的煞氣還不止一種：

§ 化解蜈蚣煞。

如果房屋外面有形狀如蜈蚣或毛蟲的水管、電線或者電線桿，正好對著廚房或者兒童的臥室（可以從臥室的窗戶看得到），就稱作蜈蚣煞。有可能使孩子面黃肌瘦、精神恍惚、食慾不振、

化解的方法是在孩子的房間裡擺放一隻趾高氣昂、精神抖擻的公雞，嘴要正對形成蜈蚣煞的物體。質料方面，所對的方向是東或東南方，需要用銅或其他金屬製品；西南或東北，用木製公雞；北方用瓷土或陶土製的公雞。

這裡所謂的方向，是從房間的中心點面對屋外形煞的物體來看。

§ 切斷爛桃花。

桃花有好有壞，走桃花運未必就是好事；萬一遇到的是爛桃花，盡碰到死打爛纏、糾葛不清的感情，令人非常煩惱。

想要切斷這種爛桃花，方法很多；其中有一種就是在進門的地方放一隻公雞，雞嘴要朝向大門。公雞的位置要高；放在比人高的架子上，最理想。

§ 防止第三者插足。

如果另一半（無論是結婚或同居都算）的異性緣重，讓人提心吊膽，不知道什麼時候會有第三者插足，也可以用公雞化解。

家中有三處可以放公雞：第一是客廳裡另一半愛情熱點上，第二是臥室裡另一半的愛情

熱點上，第三是另一半的掛衣服的衣櫃裡。

　　前兩個地方都只要放一隻公雞就行（公雞最好能體積大而沉重）。放在衣櫃裡面則需要兩隻比較小的公雞。位置要隱蔽，雞頭都要向著櫃門；中間要用衣物隔開，務必使兩隻公雞彼此看不見。

　　當風水擺設用的公雞，除了注意顏色與質料之外，嘴喙與腳趾要兇猛有力，雞冠要大而紅。

　　因為兔與雞沖的緣故，屬兔的人如果用雞來化煞，自己本身多少也會受到傷害，需要另覓他法。雞所代表的地支‘酉’也會自刑（就像前述的龍與馬一樣），屬雞的朋友如果一定要在家中放雞做為風水吉祥物，千萬不要讓牠頭對著自己經常坐臥的位置。

右圖是一隻風向雞，高高的站在屋頂上，為人們指出風正在向那個方向吹。

風水驛馬位

驛馬本身沒有吉凶的分別

命理上有‘驛馬’這個詞。有的人是八字本身帶有驛馬，有的人是在某些大運或流年中碰到驛馬。

凡是八字帶驛馬的人，多半天性好動，很少能靜得下來。大運流年要是碰到驛馬，生活容易有變動；像遷居、移民、留學、改換工作這些事，多半都發生在驛馬星動的時候。

八字裡的驛馬，本身並沒有吉凶的分別；是好是壞，完全看當時的機運。如果驛馬逢財星，越動就能越發；萬一驛馬逢災星，甚至有顛沛流離，客死他鄉的可能。

個人的驛馬位

風水上的驛馬，理論與命理上的驛馬相同，不過把命理上的地支，轉換成了生肖與方位，於是就得到下面這個結果：

生肖屬猴、鼠、龍的人，驛馬位在指南針上的52.5度到67.5度之間。

生肖屬豬、兔、羊的人，在142.5度到157.5度之間。

十二生肖驛馬位

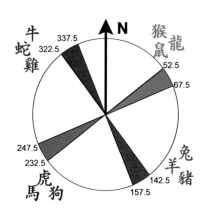

生肖屬虎、馬、狗的人，在232.5度到247.5度之間。

生肖屬蛇、雞、牛的人，在322.5度到337.5度之間。

請注意：每個驛馬位都只佔15度。

流年的驛馬位

另外還有流年驛馬位，與個人的生肖沒有關係。只要碰到某個屬肖的年，驛馬就出現在某個方位：

凡是猴年、鼠年、龍年，驛馬位在指南針上的52.5度到67.5度之間。

凡是豬年、兔年、羊年，驛馬位在指南針上的142.5度到157.5度之間。

凡是虎年、馬年、狗年，驛馬位在指南針上的232.5度到247.5度之間。

凡是蛇年、雞年、牛年，驛馬位在指南針上的322.5度到337.5度之間。

同樣的，流年的驛馬位每個也只佔15度。

兩種驛馬位的不同

個人驛馬位跟著主人走，所以一輩子都會受到影響。流年驛馬位只管一年，時間一過，影響力就消失。所以比較起來，個人驛馬的重要性大過於流年驛馬。

　　驛馬在風水上最能發生影響的一年，是兩個驛馬位重疊的時候。拿屬鼠的人來說，遇到鼠年、龍年、猴年，個人驛馬位與流年驛馬位就會落在同一個方位（請參考第245頁的圖）。換句話說，每四年兩個驛馬位就會重疊，頻率可以說相當高。

驛馬位的運用

　　就如同命理上的驛馬一樣，風水上的驛馬本身也沒有好壞的差別。風水驛馬對主人到底是吉還是凶，根據兩個情況：

　　第一，驛馬的位置，如果落在主人的四吉方，則為吉；落在四凶方，則為凶。

　　落在生氣方，顯示主人財從遠方來，所以外出有利；雖然奔忙，但是能順利達成目標，心情相當愉快。落在天醫方，顯示主人出門在外，不但平安無禍，而且能夠得財利。

　　落在延年方，單身貴族很有可能在旅途上巧遇良配；已婚的夫妻，這一年如果有遠行，最好能攜手同行。落在伏位方，生活容易起伏波動，不過變動多半有好結果。

　　落在絕命方，出遠門所謀難遂，還會惹來麻煩。落在五鬼方，要防車禍、意外。五鬼方的煞氣本來沒有絕命方重，但是關係到驛馬，五鬼的凶性，往往比絕命還要嚴重幾分。

落在六煞方，感情上多波折，同時容易在異鄉遭遇桃花劫；住宅有這種情形的朋友，對於突發性的豔遇要有所警覺，恐怕不是福而是禍。落在禍害方，旅行的時候容易結交損友，把時間精力都放在不良嗜好上，弄得灰頭土臉的回家。

平常或許不覺得，碰到流年驛馬降臨個人驛馬位的那一年，上述情況會特別顯著。

第二，要看驛馬落在什麼房間。最好是客廳或工作室，有助於主人建立厚實的人脈；飯廳也不錯，多財多喜。臥室比較差，生活不安定，婚姻容易發生變化；不過對從事旅遊、娛樂、貿易的人，影響不大。最差是在浴室、廁所，以及儲藏室，馬腳被絆，跑也跑不快，跳也跳不高，對主人有害無益。

風水上的財位

　　每次替朋友調整風水，大家都想要知道的一件事就是：我家的財位在哪裡？

　　問題雖然只有一個，答案卻不止乙種。因為每棟房屋都有建築物本身的財位，稱作‘宅財位’；而每個人因為命卦不同，財位也不一樣，稱作‘本命財位’。另外，每一年因為飛星降臨的宮位不同，還有‘流年財位’。這些因素，使得確定財位變成複雜的問題。

房子本身的財位(宅財位)

　　每棟房子都有自己的財位。（坐西朝東的房子，財位還不止一處。）

房屋的朝向	財位
坐南朝北的房子	東北
坐北朝南的房子	北
坐西朝東的房子	東南、西北
坐東朝西的房子	中宮
坐西南朝東北的房子	西南
坐東北朝西南的房子	中宮
坐西北朝東南的房子	西
坐東南朝西北的房子	東南

　　這樣看來，找宅財位好像非常容易。問題是，決定房屋的坐向不是一件單純的工作。除了房屋本身的建築之外，外在環境中河川的流

向、山丘的走勢、甚至附近的道路以及高大的建築物，對決定住宅的坐向都會發生影響。

換句話說，房子的大門向南，並不保證房屋就一定是坐北朝南，因此財位也就不一定在北方。

'暗財位'與'明財位'

既然房屋的坐向不容易確定，所以近年來流行一個'大門的斜對角就是財位'的說法，稱作'明財位'；上述由房屋坐向來決定的財位，就被稱作'暗財位'。明財位簡單明瞭，人人會找，所以大受歡迎

明財位的說法，倒並不是毫無道理。理論上說，用這種方法找到的應該是房子裡一個藏風聚氣的角落。試想：如果大門在左邊，開門的時候，左邊的氣場直接受到外氣的衝擊，波動性比較大。等氣從左邊流到右邊的時候，除非家裡有嚴重的煞氣，否則一定會沉穩安定下來，使得斜對角（右邊角落）的氣場呈吉相。雖然我不認為它就能相當於財位，在風水上來說，總是相當不錯的地方。

不過，在使用上述所謂的'明財位'的時候，需要注意門的開向：是向外開？還是向內開？（一般住家的大門多半都向內開。不過也有向外開的大門；像在美國，所有營業場所的門都規定要向外開。）

所謂明財位

持明財位看法的人認為：大門的斜對角就是明財位。所以大門開在左邊的房子，財位就在右邊。大門開在右邊的房子，財位就在左邊。大門在中間呢？據說這樣的房子就有兩個財位。

還有門把的位置，在門的左邊還是右邊？門的開向加上門把的位置，有時候會使進氣直衝大門的對角。遇到這種情形，把這裡當作財位來處理，恐怕有害無益。

同樣的道理，房屋的大門開在中間，也不可能出現兩個吉位。

個人的財位（本命財位）

每個人根據自己的命卦，各有四個吉方與四個凶方。四個吉方幾乎都與財富發生關連。到底哪一個可以用來做自己的財位？還需要根據本身的客觀條件與需要來做選擇。

§［生氣方］

這個方位是貪狼木星的位置，具有強大的生長力。凡是自己做老闆的人，都應該選擇這個方位做為自己的財位，可以藉風水的助力，讓自己的事業更上層樓。

> 有志於創業的年輕人，應該特別重視生氣方。

§［天醫方］

這個方位是巨門土星的位置，氣場穩定平和，與健康的關係最密切。因為先要留得青山在，才能談有柴可燒，所以它也與財富有密切的關聯。

凡是從事醫療工作（如醫生、護士、藥劑師、營養師）或者與醫療有關的職業（譬如說推銷健康保險、營養食品）的人，應該把自己的天醫方當做財位。

§［延年方］

　　這個方位是武曲金星的位置，具有凝聚收斂的力量，與婚姻、感情的關係最密切。武曲星有‘貴人星’之稱，象徵事業上多貴人提拔。薪水階級，尤其是從事公職的人，想要加薪升等，應該用延年方做為財位。

> 從事與電腦有關的行業，無論軟體、硬體或者製圖，拿延年方做為自己的財位，也相當不錯。

§［伏位方］

　　這個方位是輔弼木星的位置，氣場徐緩向上，具有穩打穩紮的特色。

年紀比較大，或者已經退休的人士，不妨以這裡為財位，謀求一個生活豐裕的晚年。

流年的財位（每年變化）

　　風水上的九紫飛星，每一年‘飛臨’到房子裡不同的部位（風水術語叫‘挨星’）。九顆飛星之中有一顆八白左輔星，有財星之稱。這顆星每年飛臨的宮位，就被稱作當年度的流年財位。（請參看第263頁的‘流年風水’）

　　舉例來說：2008年，八白左輔星飛到東方，這一年的流年財位就在東方。2010年，八白左輔星飛到中宮，這一年的流年財位就在住宅的中心地帶。

三種財位的比較

房子本身的財位，主要影響的是這棟房子本身能不能聚財，所以對營業場所可以說關係極大。但是對住家來說，就不如本命財位來得重要。

個人的本命財位，直接影響自己的進財能力（也就是賺錢、存錢的能力），所以論住宅風水的時候，本命財位的重要性排第一，宅財位要靠後面站。

流年財位因為每年改變的緣故，只限當年有效，到第二年就完全沒有作用。所以就影響力來說，不如個人財位的終其一生都有效力；也不如宅財位，在房子被拆除，或者房屋本身的運勢完結之前，一直有效。

不過流年財位也有它不可忽視的地方：

第一，它的爆發力比較強。如果流年財位剛好與個人財位或者宅財位重疊，只要使用得宜，當年就可大發，不需要等財氣慢慢累積。

第二，要防它會成事不足，敗事有餘。萬一流年財位走到宅風水或者個人風水的洩氣位或者煞氣位，處理不好，當年度難免要破財。

論商業風水，宅財位最重要。

論居家風水，本命財位最重要。

至於流年風水，雖然只管一年，但是無論對商業或居家風水，都能發生相當程度的影響。

住宅財位的喜忌

找出家中的財位之後，如果不知該如何利用，也是枉然。這裡介紹一些財位的喜忌給大家，做為調整風水時的參考。希望讀者諸君都能藉財位肥家潤屋，充分得到風水的助力。

財位宜生、宜吉

'生'是指生機。健康的動物與植物都具有生機，但是動物會製造穢物（掉落的毛髮、排泄物、身上的氣味），損傷財氣；同時活動力太大，會影響財位的安定。植物沒有這方面的問題，所以財位上最適合放盆栽。

財神爺、彌勒佛、福祿壽三星，都可以給人們帶來人世上的福氣；放在財位，可以說再合適也不過了。

放置在財位的植物，葉子要大、要圓，最好能四季常綠。一有枯黃的葉子，就要趕緊摘除。如果放鮮花，當然也很好，但是一呈現出將要凋謝的樣子，必須立刻移開。

'吉'是指吉祥歡喜的氣氛。財神爺像、福祿壽三星、笑嘻嘻的彌勒佛像，都能合於這種需要。前面風水動物擺設中介紹的那些招財神物（龍龜、貔貅、金蟾蜍、馬、象、八寶麒麟等等）也很適合放在財位。

財位可坐可臥

財位的氣屬於吉旺之氣，是最適合經常坐臥的地方。如果正好坐落在客廳或者起居室，大家常常聚在這裡盤桓休憩，全家人都有機會沾到財喜之氣。

如果財位在臥室，在這個位置上放床，每晚睡覺的時間都浸潤在吉氣裡，可以說得福於無形，真是再好也沒有。不過家裡大部分的財氣都被臥室的主人所得，別人不一定能沾光。

財位臨窗、臨門的影響

財位如果有窗戶，有優勢也有缺點。

好處是：臨窗的地方敞亮，能加強財位的旺氣。缺點是由於靠窗的關係，日夜的亮度相差大，氣場不夠穩定；假如窗戶的質料不好，還有洩氣的可能。

在這裡要奉勸準備蓋新房子的朋友，不妨在設計藍圖的時候就用一點心，在緊鄰財位的方位上開窗戶。這樣就既能有好光線，又避免了洩氣的顧慮。

財位如果臨窗臨門（包含落地窗），進到家裡來的會是吉氣，其實並不是一件壞事。不過財位喜靜不喜動，風大的日子，千萬不要隨意開這裡的門窗，免得攪亂財氣，惹出許多麻煩來。穿堂風尤其有害，避之為吉！

財位不可受煞

財位如果受煞，吉氣受到損傷，會直接影響財運。（屋子裡會有哪些煞氣？可以參看本書第九篇＇室內的煞氣＇。）

如果正上方有橫樑壓頂，或者正好坐落在浴室、廁所或著廚房的位置，都不是好現象。另外髒亂所引起的穢氣，以及正對銳角家具所受到的殺傷力，也不容忽視。

本來在財位上放植物可以加強財氣，但是不包含針葉類或者多刺的盆栽。像仙人掌、荊棘、玫瑰這類多刺的植物，本身會製造煞氣，放在財位上是找自己的麻煩。

財位最怕在走道上

在房子走道上的財位，缺點蠻多。

第一，走道如果長，本身就帶有煞氣。財位上有煞氣，當然不是好事。

第二，財位喜靜，走道人來人往，氣場的波動大，影響財運的安定。

第三，財位以能夠蓄氣為吉，而走道根本無從蓄氣。

如果覺得自己在進財、蓄財方面好像總是困難重重，不妨檢查一下家裡的財位，看看是不是正好在走道上。

財位該不該佈水局？

有些風水家認為，水就是財，財位上如果不佈水局，怎麼能算財位？所以常常看到有人家裡養了一大缸魚，用來招財。

同時也因此衍生出許多飼養風水魚的'規矩'，譬如說：該養什麼顏色的魚、需要養多少條、什麼種類的魚能管什麼用等等。而且凡此總總，各家的說法不盡相同。

但是也有風水家認為，財位上絕對不能有水。最重要的原因有三個：

第一，水應該放在衰氣方才好。

水對氣場能起轉換強弱的作用。所以在正神方（當運的旺方）的水稱作零水（不合宜的水），會把旺氣變成衰氣，主財運破耗。而零神方（退氣的衰方）的水卻能振衰起敝，所以稱作正水（正好合適的水），可以用來旺財。

由此看來，把水放在氣旺的財位，豈不是要冒著把財位變衰的危險？

第二，財氣有可能遇水而化。

風水上有'山管人丁水管財'的說法，但是管財並不表示一定就能進財，同樣也有退財的可能。財位見水的結果，究竟是水生財旺？還是財隨水流？不同派別的風水家有不同的主張。看來在財位佈水局，不一定安全可靠。

衰方與煞方是兩回事。

煞方是具有煞氣的方位；衰方只是旺氣剛剛走完的方位，與煞氣完全不相干。

衰方的水可以提氣旺財，煞方的水卻有起凶動煞的可能。不過也有風水家主張在凶煞方佈水局，以藉水化煞。

第三，動與不動之間的兩難。

水局一定要是活水才能生財，所以必須配合有馬達使水能不停運轉。但是財位喜靜不喜動，馬達在攪動水的同時，也攪動了氣場。如果有魚在水裡游來游去，動盪的程度就更大。

這樣完全相反的說法，讓人有不知何去何從的苦惱。其實可以放在財位上的吉祥物很多，並非一定要佈水局、放魚缸才行。

財位該不該壓？

另外還有一個‘財位該不該壓’的問題，也值得大家注意。

對風水有興趣的人很可能聽說過‘財位忌壓’這個論點；認為財位上不可以堆雜物，也不可以壓重物。

凡是風水上的吉方，都不應該亂堆雜物，財位上當然不例外，這一點應該無庸置疑。但是能不能壓重物？恐怕還有商榷的餘地。

像電冰箱、大酒櫃、大衣櫥這樣大型的家具，在財位上一放，就沒有什麼蓄氣的餘地；從這個觀點來看，財位確實忌壓。不過風水上有個鎮財的古法；在某些情況下，財位不但不忌壓，還非要‘鎮壓’不可。

古人說，盡信書不如無書，這是因為有些書無的放矢，不值深信。對風水上的許多傳言，各位恐怕也需要保持這樣的態度。

風水上的文昌位

　　風水上除了財位之外，還有一個文昌位，也很受一般人的重視。家中如果有還在上學讀書的孩子，或者家人的工作與學術研究有關，了解文昌位可以得到風水上的助力。

　　如同財位一樣，文昌位也分成房子的文昌位（宅文昌）、個人的文昌位（本命文昌）、流年文昌位三種：

房子的文昌位（宅文昌）

　　照八宅風水的看法，凡是四綠木星的所在方位，就是房屋的文昌位。

房屋的朝向	文昌位
坐北朝南的房子	東北方
坐南朝北的房子	南方
坐西朝東的房子	西南方
坐東朝西的房子	西北方
坐東南朝西北的房子	中宮
坐西北朝東南的房子	東方
坐西南朝東北的房子	西方
坐東北朝西南的房子	北方

　　值得注意的是，如果流年的一白水星飛到（風水術語稱作‘挨星’）宅文昌位的位置，成為‘四綠對一白，官星照文昌’的格局，效力特別宏大。

舉例來說，2009年一白水星飛臨西北方，如果您住的房子坐東朝西，西北方的文昌位這一年會特別強旺。

　　假如運用得當，這一年家人讀書的成績會特別優異，公務員有機會加官晉爵，藝術家在自己的領域中能獲得響亮的名聲。

　　不過萬一這個方位受到汙染，不但無法得到官星照文昌的好處，當年度還有可能會處處受打壓：學生可能記過、留級，公務員可能降等、減薪，藝術家的作品可能受到詆毀，演藝人員可能成為票房毒藥……

個人文昌位（本命文昌）

　　請根據出生年度尾數（以西元年份為準），對照下表找出自己的本命文昌。

尾數	文昌位
0	西北北的十五度（指南針上的322.5–337.5度）
1	正北方的十五度（指南針上的352.5–7.5度）
2	東北東的十五度（指南針上的52.5–67.5度）
3	正東方的十五度（指南針上的82.5–97.5度）
4	東南南的十五度（指南針上的142.5–157.5度）
5	正南方的十五度（指南針上的172.5–187.5度）
6	西南西的十五度（指南針上的232.5–247.5度）
7	正西方的十五度（指南針上的262.5–277.5度）
8	西南西的十五度（指南針上的232.5–247.5度）
9	正西方的十五度（指南針上的262.5–277.5度）

如同計算命卦一樣，出生那一年的年份，也要以立春為分界。凡是立春以前出生的人，要算到前一年去。譬如說，1972年立春以前出生的人，需要算是1971年生，尾數是1，不是2。

遇到流年一白水星飛到個人文昌位，也同樣有‘四綠對一白，官星照文昌’的效力，值得特別重視。

舉例來說，2010年的一白水星飛臨西方，這是丁年出生（生年尾數為7）的人的文昌位。

如果能把握這個機會催旺住宅或者辦公室的西方氣場，學生在成績上能讓人刮目相看，考生容易考上理想學校，公務員能有升遷、升等的機會，從事學術工作的人能有優異表現，文藝創作者有機會聲名大噪。

不過萬一西方的風水不好，丁年出生的人2010年在學業、事業上受到的打擊，也會比一般人要嚴重得多。

流年文昌位

每一年四綠木星飛臨的方位，就是當年的流年文昌位。（請參看263頁的‘流年風水’）

舉例來說：2008年，四綠木星在東北方，東北方就是流年文昌位。2009年，四綠木星在正南方，正南方就是流年文昌位。2010年，四綠木星在正北方，正北方就是流年文昌位。

流年文昌星也需要一白水的關照

如果這一年的四綠木星正好飛臨到住宅中一白水星的位置，也能在當年發出官星照文昌的威力。譬如說2010年，流年四綠木星落在正北方，恰好是一白水星的位置，所以這一年北方的文昌氣會大盛。

文昌位的佈置

以文昌位作為書房或工作室，讀書、工作都能有事半功倍的效果。尤其要參加重要考試的時候，在文昌位準備功課，勝算特別大。

如何佈置文昌位，才能發揮最大效應？請參看第142頁的 '書房與文昌'。

三個文昌位，依重要性來排列是：本命文昌、宅文昌、流年文昌。

如果有任何兩個文昌的位置重疊，聲勢加倍；三個文昌位重疊，更是勢不可擋。

不過文昌氣越旺盛的地方，萬一風水有問題，受到的傷害也會越大。

流年風水

構成風水的三個因素

構成住宅風水的因素有三個：人、空間和時間。所以細分起來，風水有三個部份：

一是人的風水。

每個人因為命卦不同，所以有自己所需要的風水。

一是空間風水，就是房屋本身的風水。

每棟房子因為朝向不同，外界的環境與內裡的佈局不同，所以在風水上各具特點。

還有一個是時間風水。

就好像人的運氣會隨著時間而改變一樣，風水也會因為時間流轉而起變化。這種變化有它自己運行的法則，無論屋主的出生日期是那一天，無論房屋是朝那個方位，都受到同樣的時間影響。

（現在要談的‘流年風水’，就屬於時間風水的範疇。）

時間風水最容易掌握

上述三種風水的區別，讓我們拿普遍被大

同一棟房屋，適合甲住，卻不一定適合乙住，因為甲和乙兩個人對風水的需求未必一樣。這就關係到人的風水。

同一個人，住在A棟房子裡所受到的風水影響，會和住在B棟房子裡不一樣，因為A和B這兩棟房子本身的風水不盡相同。這就關係到空間的風水。

同一個人，住在同一棟房子裡，今年受到的風水影響，會與明年受到的風水影響不同。這就關係到時間的風水。

家所關心的財位為例，做一個比較。

任何一座有人居住的住宅，都有三個財位：一是屋主的財位（就是人的風水），一是房屋的財位（就是空間風水），一是時間的財位（就是時間風水）。

屋主的財位，根據主人出生的時間而定。房屋的財位，根據房屋的坐向而定。時間的財位，由於月換星移，跟著時間的流轉而改變。

主人的財位和房子的財位，隨命卦不同、方位不同而改變，要靠專家才能確定。時間上的財位，卻由於大家在時間面前一律平等的緣故，房無論東西南北，人無論男女老少，都得到相同的位置。所以比較起來，時間財位最容易掌握。

財位如此，其他風水上的吉凶禍福，也都不例外。

十年風水輪流轉

風水的門派非常多，各家對於‘時間’的論斷，也有不同的說法。

譬如說，有主張‘三元九運’的，把一百八十年分成上中下三元，每元六十年；每一元又分三運，每運二十年。有以‘河圖’為主的，把六十年分為五運，所以一運主十二年。也有以‘山運’為主的，把六十甲子分成六個運，每個運管十年。

這些門派中最被廣泛採用的，是‘九宮飛星’。根據這一派的理論，十年還嫌太長了一點；一棟房屋的‘時間風水’，可以說每一年都在改變。這種年年會改變的風水，就是大家所熟悉的‘流年風水’。

正因為時間能改變風水，所以會有‘十年風水輪流轉’的古話。

九宮飛星各有職掌

九宮飛星一共九顆；其中有五顆是吉星，有四顆是凶星。

五顆吉星，包含了：

一白貪狼水星。這顆星專管事業、人緣與桃花。

四綠文昌木星。這顆星專管智慧、學業，對求學的人以及從事學術研究的人影響最大。

六白武曲金星。這顆星專管權力的大小，同時還能催動驛馬，所以與主人的事業息息相關。在財富方面，掌管非固定的收入，因此又有偏財星的稱號。

八白左輔土星。這顆星專管錢財出入。

九紫右弼火星。這顆星專管婚姻喜慶。

四顆凶星，包含了：

二黑巨門土星。這顆星會引起身心疾病，

五顆流年吉星，如果落腳的方位得宜，房子的格局與家中的佈置配合得當，能給主人帶來一年的好運。

但是倘若落腳的地方不得力，就像無用武之地的英雄，心有餘而力不足，幫不上主人的忙。萬一格局或者佈置有問題，還有可能成事不足，敗事有餘，白白辜負了吉星的美名。

所以號稱病符。

三碧祿存木星。這顆星又名蚩尤星，專會引起口舌是非，甚至會為主人帶來訴訟官非。

五黃廉貞土星。這顆星專門招災惹禍，是九星中的凶性最大的一顆星。

七赤破軍金星。這顆星會引起盜賊覬覦，小人陷害。

流年飛星由於每年所飛臨的宮位不一樣，不但力量的強弱會發生差異，甚至吉凶的性質也有可能因此改變。

五顆吉星，在某些年會帶有凶性；四顆凶星，有時候也會沾染喜氣。這些飛星的性質，倒不是永遠一成不變。

流年飛星的影響力

九顆流年飛星對吉凶所發生的影響，就時間來說，只有一年的效期，就力量來說，也不如屋主命卦的風水或者房屋本身的風水那麼強大。不過它自有不容忽視的重要性。

房屋風水和主人風水的吉凶好比火藥，流年風水好比是用來點燃火藥的那枝香。

火藥的本質，有可能是五彩繽紛的煙火，能讓主人這一年的天空都燦爛美麗；也有可能是讓人血肉橫飛的炸藥，會讓主人這一年的運氣坎坷不堪。到底是吉是凶？完全取決於房屋風水與主人風水是不是能夠配合。

　　但是火藥能不能點得著，還是要看流年風水的那枝‘香’是不是夠力。

流年飛星網上看

　　每一年流年飛星飛臨的宮位都不同，發生的影響因此有強有弱。衍易工作坊每年過年之前，都會在網上貼出下年度飛星的實況，並且說明趨吉避凶的方法。

　　請把上網看www.fengshuisage.com這件事記在各位的行事曆上，讓自己年年都有好年，日日都是好日。

梵谷畫裡的星空（見下圖）非常絢麗狂野。流年九星在飛臨人間的時候，大概就是以這麼磅薄的氣勢，來影響世界上的空間風水。

衍易叢書

風水經典 下冊

2010年5月初版　　　　　　　　　　定價：新臺幣390元
2015年10月初版第三刷
有著作權・翻印必究
Printed in Taiwan.

著　　者	衍 易 女 史
企　　劃	孫 玉 修
發 行 人	林 載 爵

出　版　者	聯經出版事業股份有限公司	叢書主編	林　芳　瑜
地　　　址	台北市基隆路一段180號4樓	編　　輯	林　亞　萱
編輯部地址	台北市基隆路一段180號4樓	封面設計	蔡　婕　岑
叢書主編電話	(02)87876242轉221		
台北聯經書房	台北市新生南路三段94號		
電話	(02)23620308		
台中分公司	台中市北區崇德路一段198號		
暨門市電話	(04)22312023		
郵政劃撥帳戶第0100559-3號			
郵撥電話	(02)23620308		
印　刷　者	文聯彩色製版印刷有限公司		
總　經　銷	聯合發行股份有限公司		
發　行　所	新北市新店區寶橋路235巷6弄6號2F		
電話	(02)29178022		

行政院新聞局出版事業登記證局版臺業字第0130號

聯經出版事業公司

信用卡訂購單

信 用 卡 號：□VISA CARD □MASTER CARD □聯合信用卡

訂 購 人 姓 名：＿＿＿＿＿＿＿＿＿＿＿＿＿＿

訂 購 日 期：＿＿＿＿＿年＿＿＿＿月＿＿＿＿日　（卡片後三碼）

信 用 卡 號：＿＿＿＿　＿＿＿＿　＿＿＿＿　＿＿＿＿

信 用 卡 簽 名：＿＿＿＿＿＿＿＿＿＿(與信用卡上簽名同)

信用卡有效期限：＿＿＿＿年＿＿＿＿月

聯 絡 電 話：日(O)：＿＿＿＿＿夜(H)：＿＿＿＿＿

聯 絡 地 址：□□□＿＿＿＿＿＿＿＿＿

＿＿＿＿＿＿＿＿＿＿＿

訂 購 金 額：新台幣＿＿＿＿＿＿＿＿＿元整

（訂購金額 500 元以下,請加付掛號郵資 50 元）

資 訊 來 源：□網路　□報紙　□電台　□DM　□朋友介紹
　　　　　　　□其他＿＿＿＿＿＿＿＿＿

發　　　票：□二聯式　　□三聯式

發 票 抬 頭：＿＿＿＿＿＿＿＿＿＿

統 一 編 號：＿＿＿＿＿＿＿＿＿＿

※ 如收件人或收件地址不同時，請填：

收 件 人 姓 名：＿＿＿＿＿＿＿＿　□先生 □小姐

收 件 人 地 址：＿＿＿＿＿＿＿＿＿＿

收 件 人 電 話：日(O)＿＿＿＿＿夜(H)＿＿＿＿＿

※茲訂購下列書種,帳款由本人信用卡帳戶支付

書　　　　　　　　　名	數量	單價	合　　計
	總　　計		

訂購辦法填妥後

1. 直接傳真 FAX(02)27493734
2. 寄台北市忠孝東路四段 561 號 1 樓
3. 本人親筆簽名並附上卡片後三碼(95 年 8 月 1 日正式實施)

電 話：(02)27683708

聯絡人:王淑蕙小姐(約需 7 個工作天)